보여주기

오후ohoo

보여주기

세상을 내 편으로 삼는 법

오후 지음

차례

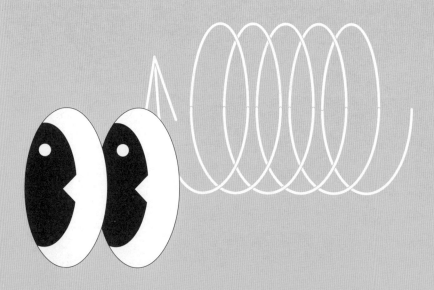

누가 성공하는가

미래에 희망이 있다고 충고하는 놈들은 지금 잘살고 있는 놈들뿐이다.

_기타노 다케시北野武

2018년 스타트업 붐이 한창일 때, 미국에서 스타트업 관련 강의를 하는 한 교수의 인터뷰를 읽었다. 그는 이렇게 한탄했다.

"과거에 저를 찾아왔던 학생들은 무엇을 팔지 고민했습니다. 아이디어를 고민하고, 그 아이디어를 어떻게 현실화할지를 고민했죠. 그런데 어느 순간부터 학생들은 어떻게 해야 공모에 당선되고 투자를 받을 수 있는지에 대해서만 묻더군요."

기억에 의존하는 것이라 정확하진 않지만 얼추 이런 맥락으로 말했던 듯하다. 내가 이해하기에 그 교수가 말하고자 하는 바는 이 정도였다. 언젠가부터 스타트업을 하려는 사람들이 어떤 아이디어를 가지고 어떤 일을 해나갈지보다 어떻게 보이고 어떻게 사람들의 관심을 끌어서 투자를 받을지에 더 공을 많이 들인다는 것. 인터뷰는 스타트업의 핵심은 결국 아이디어, 그리고 열정이라는 결론으로 마무리됐다.

뻔한 이야기다. 뻔하다는 것은 보통 맞는 말이라는 뜻이다. 사람들은 꼰대를 싫어하는데 사실 꼰대가 하는 말은 대부분 옳다. 그게 문제다. 사람들은 꼰대가 싫은 나머지 꼰대의 맞는 말과 반대로 행동하곤 한다. 차라리 틀린 말을 하지.

인터뷰를 본 날, 언제나처럼 기분이 좋지 않았고 삐딱한 생각이 들었다. 스타트업에서 아이디어가 중요하다는 걸 누가 모르나? 열정, 당연히 중요하지. 하지만 세상천지 어디에도 완전히 새로운 것은 없으며, 열정을 다하기에는 침대에서 빈둥거리는 지금 이 시간이 너무도 소중하다. 엘리베이터에서 하는 1분 내외의 짧은 대화*로 투자 여부가 결정 된다고들 하는데, 그 큰손들이 1분 만에 대체 뭘 얼마나 제대로 파악할 수 있겠나. 당연히 이미지 아닌가? 살면서 크게 깨달은 것이 있다면 세상 많은 일은 운이며 그 운에는 겉보기가 쓸데없이 중요하다는 것이다.

---

* 엘리베이터를 타고 내릴 때까지 약 60초 이내의 짧은 시간 안에 투자자의 마음을 사로잡을 수 있어야 한다는 의미로, 첫 만남 시 1~2분 안에 갖게 되는 첫인상이 투자에 절대적인 영향을 미친다는 것을 강조한 표현이다. 흔히 엘리베이터 스피치라고 부른다.

겉으로 보이는 이미지는 종종 실제보다 강력하다. 모두가 본질이 중요하다고 말은 하지만, 안타깝게도 세상은 비어 있고 우리는 포장지만 보고 본질을 평가한다. 세상에 그렇게 많은 사기꾼이 있는 이유는 그보다 더 많은 사람이 속고 있기 때문일 것이다. 그것이 우리가 살아가는 사회다. 이미지 하나로 한 사람의 인생이 변하기도 하고 국가의 운명이 바뀌기도 한다. 탁월한 아이디어였지만 마케팅에 실패해 알려지지 않은 경우도 많고, 별것도 아닌데 이미지로 성공하는 경우도 있다. 물론 시대를 뛰어넘어 오래 살아남은 기업은 그럴싸한 겉모습 안에 진짜 가치와 비전을 가지고 있겠지만, 스타트업의 꿈은 보통 엑시트[*] 아니던가? 어차피 뜨면 바로 정리할 텐데 가치와 비전은 사치다. (물론 겉으로는 가치와 비전이 충분한 것처럼 보여야 한다. 그건 기본이다.)

옳다고 승리하는 것은 아니며, 더 뛰어나거나 더 노력한다고 꼭 성공하는 것도 아니다. 특히 그것을 평가하는 주체가 사람이라면 더더욱 그렇다. 나는 그 스타트업 교수의 인터뷰에 반하는 의미로 이 책을 썼다. 앞에 인용한 영화감독 기타노 다케시의 말처럼, 이미 성공을 거머쥔 사람들이나 긍정적인 미래를 이야기한다. 하지만 그렇다고 불평만 할 수야 있나. 어쨌든 태어났

---

[*]   EXIT, 투자 후 출구전략. 기업 가치의 현금화를 뜻한다. 기업공개(IPO) 및 상장, 인수합병(M&A), 매각, 청산 등이 있다. 새로운 아이디어로 시장을 개척 선점한 후, 자본을 갖춘 대기업에 파는 것이다.

으니 성공을 꿈꿔야지.

이 책에서는 운과 실력을 넘어 특별한 이미지를 획득해 성공한 사례를 소개하고 그들의 성공 방식을 살핀다. 그리고 이런 사례들을 통해 처세나 꼼수 또는 뭐라고 불러도 좋을 성공의 기술을 뽑아볼까 한다. 책에서 인용하는 사례 중에는 정말 사소한 것도 있고, 역사를 바꿨다고 평가할 만한 사건도 있다.

단순히 흥미로운 역사 이야기로 봐도 좋고, 자기계발서로 읽어도 되고, 사회 풍자물로 여기고 낄낄대도 좋다. 등장하는 사례 중에는 도덕적으로 올바르지 않은 (심지어 범죄라고 할 만한) 행동도 있지만, 이 책에서는 그런 윤리적인 제약을 완전히 걷어냈다. 승자는 진실을 말했느냐 따위를 추궁당하지 않는 법이다.

모든 것은 공허하다. 많이 가진 이도 빈손으로 간다. 결국 다 사라진다. 동서고금을 막론하고 우리가 존경할 만한 인생의 스승들은 이런 비슷한 류의 명언을 많이 남겼다. 맞는 말이다. 그중에 정말 빈손으로 가신 분은 별로 없는 것 같지만, 아무튼 존경받는 사람들은 그럴 만한 이유가 있고 보통 맞는 말을 한다. 나는 그들의 위대한 말에 약간의 의견을 덧붙이고 싶다.

모든 것은 공허하다. 많이 가져도 빈손으로 간다. 결국은 다 사라진다.

그러니 움켜쥘 수 있을 때 움켜쥐라. 성공에 겁먹지 마라. 훌륭한 사람이 성공하는 것이 아니라 성공한 사람이 훌륭해진다.

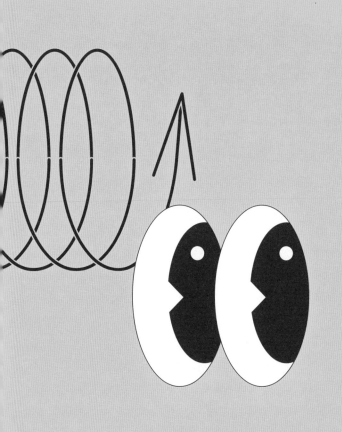

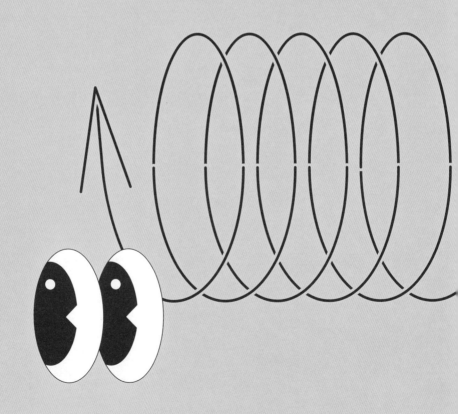

1

도둑도 때론 도움이 된다

(서커스에서 공연을 하던 할아버지가 스스로 예술가라 칭하자)

손   자 | 사자의 입에 머리를 집어넣는 게 예술인가요?

할아버지 | 아니, 사자의 입에 머리를 집어넣는 건 용기지.

　　　　　사자가 머리를 잡아먹지 않게 하는 게 예술이고.

_영화 〈파벨만스〉 중에서

세계에서 가장 비싼 그림은 무엇일까?

공식적으로 가장 비싸게 팔린 그림은 레오나르도 다빈치의 작품으로 추정되는 〈살바토르 문디〉다. 제목을 직역하면 '구세주' 정도 된다. 이 그림은 2017년 뉴욕 크리스티 경매에서 수수료 5,000만 달러를 포함해 총 4억 5,000만 달러에 팔렸다. 한화 약 5,500억 원.

미술에 관심이 없다면 처음 보는 그림일 수도 있다. 제목을 보아 그림 속 인물은 예수일 것이다. 그는 무슨 거짓말을 했는

지 손가락을 꼬고 있다.* 구매자는 사우디아라비아의 빈 살만 황태자. 왜 남의 종교** 그림을 거액에 샀는지는 모르겠지만, 뭐… 지 돈으로 사는데 뭐라고 하겠어. 아무튼 5,500억 원에 팔렸으니 5,500억 원짜리 그림이라는 것에 이견은 없지만, 이 그림에 정말 그 정도의 가치가 있는지에 대해서는 논란이 많다.

먼저 그림의 보존상태가 좋지 않다. 현재 우리가 보는 작품은 사실상 재창작에 가까운 6년 여의 복원 과정을 거친 것이다. 특히 덧칠된 부분을 제거하고 색을 다시 입히는 과정에서, 극단적으로 표현하면 컬러링북 수준의 복원이 이루어졌다. 물론 전문 복원사들의 작업이니 아무렇게나 하지는 않았겠지만 작품의 오리지널리티가 보존되어 있다고 말하긴 어렵다.

무엇보다 이 작품은 정말로 다빈치 본인의 작품인지가 명확하지 않다. 그래서 앞에서 '추정'이라 소개한 것이다. 몇 년 전까지만 해도 다빈치의 제자가 그렸을 것이라는 전문가들이 더 많았고, 지금도 그렇게 주장하는 전문가들이 있다. 실제로 1958년 소더비 경매에서는 다빈치 제자의 작품으로 소개됐고, 단돈 45파운드(약 7만 원)에 낙찰됐다. 그리고 이 작품이 다빈치의 작품이 맞다 할지라도 그의 대표작인 〈모나리자〉와 붙여놓고 보면

---

* 서구권에서 손가락을 꼬는 것은 행운을 빈다는 의미인 동시에 타인에게 거짓말을 할 때 뒤로 하는 행동이기도 하다. 물론 이 그림에서 예수가 손가락을 꼬고 있는 건 성호를 긋는 것으로 축복의 의미다.
** 사우디아라비아의 국교는 수니파 이슬람이다. 이슬람은 예수를 신이 아닌 선지자 중 하나로 여긴다.

완성도가 크게 떨어진다. 그러니까 빈 살만 황태자는 레오나르도 다빈치의 작품이라는 가능성으로만 5,000억 넘는 돈을 태운 것이다. 이게 진짜 플렉스지.

뭐, 여기까진 그렇다고 치자. 그럼 바로 다음 의문이 떠오른다. 다빈치의 작품이 확실하고, 보관 상태도 좋고, 명성도 훨씬 높고, 완성도도 뛰어난 〈모나리자〉를 두고 〈살바토르 문디〉가 최고가에 팔린 이유는 무엇일까? 간단하다. 〈모나리자〉는 프랑스 국가 소유로 지금까지 단 한 번도 공식적으로 거래된 적이 없기 때문이다. 기록이란 건 어쨌든 팔려야 생기는 거니까.

만약 〈모나리자〉를 판다면 그 가격은 얼마가 될까? 순전히 추정이지만 전문가들은 최소 2조 원에서 최대 60조 원을 말한다. 코로나 시기 프랑스의 한 기업가는 사회적 비용을 충당하기 위해 〈모나리자〉를 500억 유로(약 70조 원)에 판매할 것을 주장하기도 했다. 과장된 액수라고 생각할 수도 있지만, 실제 경매장에 나온다면 얼마에 팔릴지는 아무도 모른다. 〈살바토르 문디〉도 1,000억 정도의 경매가를 받을 것이라 예견되었지만 이를 한참 뛰어넘는 가격에 판매됐다.

대체 〈모나리자〉는 무엇이 그렇게 특별해서 조 단위의 평가를 받을까? 예술적 가치에 대해서야 비전문가가 평가할 수 있는 부분이 아니다. 그러니 이 책에서는 〈모나리자〉가 현재와 같은 유명세를 얻는 데 큰 영향을 준 사건에 대해 이야기할까 한다.

세기의 도난 사건

 1911년 8월 22일 월요일, 루브르 박물관에 전시 중이던 〈모나리자〉가 도난당했다. 휴관일이었고 관람객은 아무도 없었다. 당시 사진 촬영이나 액자 교체 작업으로 박물관 내 이동이 빈번했기에 직원들은 〈모나리자〉가 사라진 걸 대수롭지 않게 여겼다. 그렇게 작품이 사라지고 하루가 지났다. 다음 날, 〈모나리자〉를 보러 루브르를 즐겨 찾던 화가 루이 베루Louis Béroud가 그림이 사라진 것을 알아차리고 경비에게 묻자, 그는 태연히 답했다.
 "사진 촬영하려고 잠깐 옮겼나 봐요. 종종 그러잖아요."
 그리고 형식적으로 본부에 연락을 취했다. 그제서야 난리가 났다. 아무도 〈모나리자〉를 옮기지 않았다는 것이다. 루브르는 즉각 폐쇄됐고 박물관을 샅샅이 뒤졌으나 〈모나리자〉는 끝내 발견되지 않았다.
 그날 오후 루브르 박물관은 〈모나리자〉가 도난되었음을 공식적으로 발표했다. 프랑스 경찰은 즉시 수사본부를 만들었다. 해외반출을 우려해 국경을 폐쇄하고, 최고의 전문가들을 모아 팀을 꾸렸다. 하지만 이미 사건이 벌어진 지 만 하루가 지난 시점이었다. 증거나 증인도 나오지 않았다. 수사는 난항에 빠졌다. 시간이 흐름에 따라 박물관과 프랑스 시민들은 더 초조해졌다. 그사이 도난의 책임을 지고 박물관 학예부장이 사퇴했고, 과거 장물 구매 전적이 있던 파블로 피카소Pablo Picasso가 용의자

(좌) 〈모나리자〉, (우) 〈발다사레 카스틸리오네의 초상〉.

로 몰려 조사를 받기도 했다.[*] 하지만 아무 진척이 없었다. 그렇게 2년이 넘는 시간이 흐른다. 사람들은 체념했다. 〈모나리자〉가 걸려 있던 자리에는 라파엘로의 〈발다사레 카스틸리오네의 초상〉이 걸렸다. 수사도 사실상 종결됐다. 그렇게 〈모나리자〉는 영원히 사라진 것 같았다.

2년 반 후, 〈모나리자〉는 뜬금없이 이탈리아 피렌체에서 발견됐다.

"루브르에서 도난당한 다빈치의 작품을 가지고 있소."

어느 날 피렌체의 한 미술상 앞으로 이런 편지가 도착한다. 미술상은 반신반의하는 마음으로 편지를 보낸 이를 만났고 그림이 진품임을 확인했다. 범인은 현재로 치면 1억 5,000만 원 정도의 금액을 요구했다. 〈모나리자〉의 가치에 비하면 소소한 금액이다. 미술상이 〈모나리자〉를 사서 은밀하게 처리했다면 한몫 제대로 잡았겠지만, 양심적이었던 그는 경찰에 신고를 한다. 2년 반 동안 열심히 추적한 프랑스 경찰이 아닌 이탈리아 경찰이 도난범을 체포하고 〈모나리자〉를 회수하게 된 것이다.

도난범의 정체는 빈센초 페루자Vincenzo Peruggia라는 사내로, 종종 루브르에서 작업하던 유리공이었다. 그렇기에 큰 어려움 없이 〈모나리자〉에 접근하고 훔칠 수 있었던 것이다. 그는 루브

---

[*]   당신이 아는 그 피카소가 맞다. 게리 피에르라는 사람이 과거 루브르에서 훔친 흉상을 피카소에게 판매한 적이 있는데, 〈모나리자〉 도난 사건이 이슈가 되자 지레 겁을 먹은 게리 피에르가 언론에 자신의 죄를 고백해버린다. 이 때문에 피카소가 관련해 조사를 받았다.

르 박물관 곳곳에 지문을 남겼지만, 직원 명단에 올라 있었기에 조사를 받고도 용의자에서 제외되었다. 무엇보다 경찰은 하층민 노동자인 그가 감당하지도 못할 그림을 훔칠 리가 없다고 판단했다. 편견에 휩싸여 범인을 놓쳤다고 생각할 수도 있겠지만, 경찰의 판단은 나름 합리적이었다. 생각해보라. 당장 우리 손에 엄청난 가치가 있는 미술품이 들어온다고 한들 우리가 그 그림을 누구에게 어떻게 팔 수 있겠는가? 예술품을 불법으로 처리하기 위해서는 상상하기도 어려운 인맥과 루트가 필요하다. 실제로 페루자 역시 2년간 〈모나리자〉를 처리하지 못했고, 겨우 생각한 방법이 이름이 알려진 미술상에 연락하는 것이었다. 세상사 그렇게 호락호락 할 리가 없지.

숨겨진 범인

이 사건은 그 여파에 비해 너무 단순한 절도 사건이었기에 많은 뒷말이 생겨났다. 가장 극적인 이야기는 20년 뒤에 나왔다.

페루자에게는 공범이 있었다. 엄밀히 따지자면 공범이라기보다 페루자를 사주한 자가 있었다는 것이 더 적합한 표현일 것이다. 에두아르도 드 발피에르노Eduardo de Valfierno, 스스로를 아르헨티나의 후작이라고 소개한 그는 자신이 판매루트를 가지고 있으니 당신은 〈모나리자〉를 가지고 나오기만 하면 끝이라는 식으로 페루자를 구슬렸다. 〈모나리자〉를 훔친 후에 접촉은 어

〈모나리자〉의 빈자리. 양옆에 다른 작품이 전시되어 있다.

떻게 할 것이냐는 페루자의 물음에, 일단 사건이 벌어지면 언론이 크게 떠들어 작업의 성공 여부를 알 수 있게 될 테니 시간이 지나서 안전해지면 자신이 먼저 연락하겠노라고 일렀다.

일이 벌어지기 직전, 발피에르노는 당대 최고의 복제 기술자 중 하나였던 이브 쇼드롱을 고용해 매우 정교한 모작 〈모나리자〉 6점을 미리 준비했다. 마침내 〈모나리자〉가 사라졌다는 기사가 대서특필되자 발피에르노는 미국 암시장에 〈모나리자〉를 판매한다는 정보를 흘린다.

당시 〈모나리자〉의 명성은 지금과 같은 정도는 아니었다. 물론 다빈치의 작품이니 가치를 인정받고 있었으나, 그 정도 이름값이 있는 작품은 루브르에 수십 점도 더 있었다. 전시 위치 또한 지금과 달리 다른 작품들 사이의 비교적 평범한 공간이었다.

하지만 〈모나리자〉는 도난과 동시에 세계에서 가장 유명한 작품에 등극한다. 언론에는 더는 볼 수 없는 그 아름다운 미소에 대한 유명 평론가들의 아쉬움이 연일 게재됐고, 사람들은 〈모나리자〉의 빈자리라도 보겠다며 루브르로 몰려들었다. 그런데 이런 작품이 암시장에 나왔다고? 미술을 좋아하는 거부들에게 거부할 수 없는 유혹이다. 없어졌다고 전 세계가 난리인 그 작품을 나 혼자 소유할 수 있다니! 이 전략이 안 먹힐 수가 있겠는가. 후발 국가로서 문화적 콤플렉스를 가지고 있던 미국 부유층에게는 더더욱 매혹적인 제안이었을 것이다. 발피에르노는 모작 6점을 미국에서 가뿐히 팔아치웠다.

발피에르노는 이 과정에서 정보의 우위와 거리 차를 적극 활용했다. 당시 미국에 사는 사람들은 〈모나리자〉가 사라졌다는 소식은 접할 수 있었지만, 미국 암시장에 〈모나리자〉가 돌고 있다는 사실을 프랑스 본토에 알리기는 어려웠을 것이다. 확실한 정보도 아닐뿐더러, 설혹 알린다 해도 해외수사가 그렇게 빨리 이뤄지기도 어려웠을 것이다. 그러니 사기가 발각된다고 해도 도망갈 시간은 충분했다. 아마 발피에르노는 급히 처분해야 해서 저렴하게 판다는 시그널을 줬을 것이다. 가짜도 못 알아보나 생각하겠지만, 잘 만들어진 모작을 진품과 구분하는 것은 전문가에게도 어려운 일이다.

부자들은 선택해야 한다. 살 것인가, 말 것인가. 정확히 알아볼 시간은 없다. 여기서 발피에르노는 그들이 충분히 감당할 수 있지만, 가짜라고는 생각 못 할 정도의 금액을 제시하지 않았을까. '진품이면 대박이잖아'하는 마음에 배팅할 수 있는 금액. 참고로 부자들은 우리들과 손이 다른 걸 염두에 두어야 한다. 도입부에서 말했듯이 빈 살만은 진품 가능성에 5,500억을 태웠다. 타고난 사기꾼이었던 발피에르노는 부자들을 만나보고 얼마를 불러야 할지 즉각적으로 감이 섰을 것이다. 6점 모두 최고가에 팔아치웠겠지. 구매한 순간 범죄에 동참한 것이 되므로 결코 자신이 〈모나리자〉를 샀다고 쉽게 떠들 수 없게 된다. 그러니 1점이든 6점이든 사려는 사람만 있다면 다 팔 수 있다.

　하지만 사건의 백미는 이 뒷부분이다. 6점의 모작을 팔아치운 발피에르노가 완전히 사라진다. 절도범인 페루자에게는 연락조차 하지 않았고, 프랑스는 고사하고 유럽 땅 어디도 밟지 않았다. 이전이나 이후에 간 적은 있겠지만 사건 때는 멀리서 관망하며 자신의 계획을 차근차근 실행했다. 발피에르노는 진품 〈모나리자〉에는 조금의 관심도 주지 않았고, 불쌍한 페루자만 〈모나리자〉를 껴안고 전전긍긍하고 있었다. 하염없이 기다리는 것 외에 그가 할 수 있는 일은 없었다. 모두가 찾던 〈모나리자〉는 그렇게 페루자의 침실에 2년이나 묻혀 있었다. 발피에르노가 모작으로 한몫 두둑히 챙겨 사라지기에 충분한 시간이다. 페루자는 2년이 지나서야 어떻게든 돈 한푼 건지기 위해 직접 나섰다가 즉시 체포됐다.

　발피에르노는 자신을 숨김으로써 성공할 수 있었다. 처음 목표한 것보다 더 욕심을 부리지 않았다는 점도 주요했다. 그가 원한 것은 처음부터 〈모나리자〉가 아닌 돈이었다. 하지만 웬만한 사람이라면, 일이 이 정도까지 벌어진 마당에 진품도 갖고 싶었을 것이다. 가품도 이 정도인데 진품이라면 얼마에 팔 수 있겠는가? 설혹 팔지 않더라도 자신의 성공을 기념하는 상징물로 그 이상이 있을까? 너무 강력한 유혹이다. 그 역시 분명히 그랬을 것이다. 하지만 그는 그 유혹을 단호히 잘라냈다. 괜히 처음 계획보다 더 나아가서 스스로를 위태롭게 하지 않았다.

여기서 우리는 교훈을 얻을 수 있다. 바로 '나쁜 행동을 할 때일수록 선을 넘는 것에 더 철저해야 한다'는 것이다. 많은 이들이 '이미 엎질러진 물이야, 조금만 더 조금만 더' 하다가 일을 그르치곤 한다. 성공한 도박가들의 인터뷰를 보면 그들이 마치 정기예금하듯 계획적으로 베팅하는 것을 알 수 있다. 절제는 중요하다. 특히 나쁜 일을 할 때는 더더욱. 그는 사라져 자신의 목적을 완성했다.

발피에르노의 모작 판매 사건은 20년이 지난 뒤, 미국의 한 언론에서 특종으로 터뜨렸다. 기사에 따르면 발피에르노가 범죄 사실을 고백하며 자신이 죽기 전까지 이 일을 함구할 것을 요청했다고 한다. 기자는 그 약속을 지켜 20년 후 기사를 쓴 것이라 밝혔다. 사건이 진실인지 지어낸 이야기인지는 명확하지 않다. 기자가 들었다는 자백 외에는 어떤 증거도 없으며, 당시 모작을 구입한 6명의 부자 중 누구도 신고하지 않았다. 물론 증거가 남았다면 완전범죄가 될 수 없었겠지만, 증거가 없으니 진실로 보기도 어렵다. 하지만 정말 그럴듯한 거짓말 아닌가?

혹시나 모두 지어낸 이야기라고 오해할 이들이 있을 것 같아

덧붙이면, 페루자의 〈모나리자〉 절도와 그로 인한 해프닝은 실제로 벌어진 일이다. 그리고 이 일화의 사실 여부와 무관하게 우리는 그 속에서 다양한 성공의 기술을 엿볼 수 있다.

페루자의 역전, 희생자는 없다

이쯤에서 안타까운 절도범 페루자에게로 돌아가자.

물론 안타까워할 필요는 없다. 페루자 역시 보통 사람은 아니었으니까. 그는 자신을 급히 브랜딩했다. 일단 그는 〈모나리자〉를 프랑스가 아닌 이탈리아에서 판매하려고 했다. 이탈리아인 미술상을 만난 그는 "다빈치가 이탈리아인이었으니 이 그림의 주인은 이탈리아가 되어야 하오. 이 걸작을 본디 있던 자리로 돌리고 싶소"라고 말하며 본인의 절도를 애국주의로 포장했다. 이후 법정진술, 언론 인터뷰 등에서 "이탈리아인으로서 나폴레옹에게 뺏긴 작품을 찾아오고 싶었다"며 자신의 입장을 일관되게 밀어붙였다. 냉정하게 따져보면 이건 궤변에 불과하다. 다빈치가 활동하던 시기 이탈리아는 지금처럼 통일된 국가도 아니었고, 국가 간 이동도 자유로웠다. 다빈치도 말년에는 프랑스 궁정화가로 일했다. 〈모나리자〉 또한 당시 프랑스 왕이었던 프랑수아 1세가 제값을 지불하고 구입한 것이었다. 하지만 페루자의 궤변은 이탈리아 국민들의 심장을 뜨겁게 하기에 충분했다. 통일되기 전까지 1,000년이 넘게 크고 작은 왕국과 도시국가로 살며 주변국으로부터 이리 채이고 저리 채이던 이탈리아 인의 서러움을 정확히 저격한 것이었다. 페루자는 우리로 치면 임꺽정 같은 의적으로 포장되었고 국가적 영웅이 되었다.

어쩌면 그는 〈모나리자〉를 팔려고 마음먹은 순간 자신이 체 포되리라 예감했는지도 모른다. 그래서 의적 이미지를 만들어 줄 퍼포먼스와 멘트를 사전에 준비한 거지. 페루자에게는 시민 들의 팬레터가 쏟아졌고, 정부에는 그를 처벌하지 말라는 탄원 서가 쏟아졌다. 하지만 아무리 그래도 법치국가에서 절도를 처 벌 안 할 수가 있나. 법원은 그의 주장—이탈리아를 위해 훔쳤 다!—이 일관성이 없고 시기가 맞지 않다며 유죄 판결을 내렸 지만, 막상 선고된 형은 7개월이었다. 고작 7개월이라니, 사건 의 중차대함에 비하면 터무니없이 관대한 판결이었다. 프랑스 측에서야 분통 터질 판결이었지만, 이탈리아의 감정을 상하게 하고 싶지 않았는지 조용히 지나갔다. 좋은 선택이다. 만약 프 랑스가 이를 국제적으로 문제 삼았다면, 페루자가 만든 저항하 는 영웅의 숭고한 이미지만 더 강조되었을 것이다.

회수된 〈모나리자〉는 당연히 프랑스 루브르 박물관으로 즉각 반환되어야 했지만, 이탈리아 시민들의 분노를 누그러뜨릴 필 요가 있었다. 프랑스는 결국 이탈리아 순회 전시 후 〈모나리자〉 를 돌려받는 것에 합의했다. 이탈리아 시민들은 자신들이 빼앗 긴 세계 최고의 걸작이자 불과 며칠 사이에 이탈리아의 혼이 되 어버린 〈모나리자〉를 보기 위해 구름같이 몰려들었다. 순회 마 지막인 피렌체 전시에서는 이틀 동안 6만 명의 시민이 모여들었는데, 그들은 떠나가는 작품을 보며 하염없이 눈물을 흘리고 국가적 예술품을 강탈한 프랑스에 분노했다.

형을 마친 페루자는 군에 입대해 애국심 퍼포먼스를 완성했다. 군인이라니, 이건 인정이지. 남자들은 그를 존경했고, 여인들은 사랑의 팬레터를 보냈다. 이후 그는 애국심이 강조되는 행사에 초청받는 셀럽의 삶을 살았다.

사건은 〈모나리자〉에게도 나쁘지 않았다. 살아 있는 생명체가 아니니 유불리를 따지는 건 이상하지만, 결론적으로 그렇게 됐다. 이탈리아 순회공연을 성황리에 마치고 돌아온 〈모나리자〉는 루브르의 대표작이 되었다.

〈모나리자〉는 실제로 훌륭한 작품일 것이다. 이 정도 명성이 있는 작품이라면, 그 전체가 거품일 리는 없다. 하지만 지금 〈모나리자〉의 명성은 상당 부분 이 도난 사건의 영향을 받았다. 이는 사건 전후 작품의 전시 위치를 비교해 보면 확실히 알 수 있다. 사람이 사는 곳을 보면 대략적인 자산 정도를 알 수 있듯이, 미술관에서는 작품이 놓인 위치와 공간을 보면 그 가치를 알 수 있다. 절도 사건 전 〈모나리자〉는 다른 작품들 사이에 끼여 전시되어 있었지만,* 지금은 한쪽 벽면 전체를 차지하고 있다. 관람객이 일정 거리 안으로 들어오지 못하게 바리케이드가 쳐져 있고 보호유리까지 씌워져 있어서 안 그래도 작은 작품이 더 작

---

* 21쪽 삽화 확인.

현재 〈모나리자〉의 전시 모습.

아 보인다. 솔직히 사진으로 보는 게 나을 지경이다. 그리고 사람들이 〈모나리자〉만 바라보느라 잘 모르는 사실이 있는데, 이 방에는 다른 작품들도 여러 점 전시되어 있다. 〈모나리자〉만을 원하는 군중이 신경 쓰지 않을 뿐이지. 아무튼 〈모나리자〉는 '개중 하나'였다가 '온리 원'이 되었다. 혹자는 루브르 전체가 '〈모나리자〉를 위한 거대한 액자'라고 평가하기도 한다.

　루브르는 의도치 않게 최고의 마케팅을 한 셈이다. 매해 1,000만 명의 관광객이 루브르에 방문하며, 이들 대부분은 〈모나리자〉를 보러 온다. 다른 작품들을 위로해주고 싶지만 가엾게도 나 역시 잘 모른다. 결국 이 사건은 절도범과 피해자 모두에게 도움이 되는 묘한 사건으로 종결됐다. 피해자라 한다면 책임을 지고 물러난 루브르 학예부장, 그리고 모작을 구입한 부자들 정도가 아닐까 싶다. 하지만 부자가 아닌 입장에서는 뭔가 짜릿한 쾌감이 든다. 학예부장에게는 심심한 위로의 말을 전한다.

절도 마케팅

절도는 예상치 못하게 발생하지만, 일단 발생한 사건은 종종 마케팅에 활용되곤 한다.

2001년 베벌리힐스의 한 백화점에서 할리우드 배우 위노나 라이더Winona Ryder가 진통제에 취한 채 총 5,500달러에 달하는 물품의 도난방지택을 떼고 문밖으로 나가다가 경비원에 잡히는 사건이 벌어졌다. 전성기를 달리던 톱스타의 도벽으로 전 세계가 들썩였고, 몇 주간 해당 사건이 뉴스를 도배했다. 당연히 그는 일이 끊겼고, 출연이 예정되어 있던 작품도 모두 취소됐다. 스타의 커리어가 그렇게 불명예스럽게 끝나는 듯했다.

그런데 2003년 돌연 명품 브랜드 '마크 제이콥스Marc Jacobs' 가 위노나 라이더를 S/S 캠페인 모델로 선정한다. 스캔들이 터지면 있던 광고도 내리는 판에 아주 이례적인 선택이라 할 수 있다. 그럼 마크 제이콥스는 왜 그를 발탁했을까?

위노나 라이더가 훔친 물품 중 마크 제이콥스의 스웨터가 하나 들어 있었다. 더 결정적인 건 재판이었다. 위노나 라이더는 법정에 가는 사람들이 대부분 그러하듯이 단정하고 깔끔한 드레스를 입었다. 재판에서 피의자의 이미지는 결과에 큰 영향을 미친다. 특히 배심원제가 기본인 미국에서는 더더욱 그렇다. 그런데 그가 입은 그 드레스가 또 마크 제이콥스 제품이었다. 도벽의 배우가 재판정에 섰으니 당연히 언론들은 마구 셔터를 눌러 댔는데, 모델이 좋다 보니 법정 출석 사진도 화보 수준으로 나왔다. 당연히 그가 입은 옷까지 이슈가 된다. 이 사진을 본 마크 제이콥스와 그의 마케팅팀은 깨닫는다. 이건 된다는 것을.

절도 사건 이후 일이 끊겼던 위노나 라이더도 마크 제이콥스 광고를 시작으로 재기에 성공해 지금까지 꾸준히 활동을 이어오고 있다. 마크 제이콥스는 2016년, 지난 영광을 되새기며 다시 위노나 라이더를 모델로 기용했다. 그는 절도 한 번으로 마크 제이콥스의 행운의 여신이 된 셈이다.

절도 사건이 일어나기 직전 위노나 라이더의 모습.
이런 이미지의 배우가 도벽이 있다는데 뉴스에 안 나오게 생겼냐고.

2002년 3월 15일 국내 뉴스에도 등장했다.

(좌) 법원에 출석하는 위노나 라이더. 이 드레스가 화제가 되면서 다시 기회를 잡았다.
(우) 마크 제이콥스와 위노나 라이더의 다정한 모습. 2015년 12월 8일,
마크 제이콥스가 본인의 인스타그램에 직접 올린 사진이다. 제목은 〈2005년의 위노나와 나〉

2

중요한 건 언제나 '멋'이다

"인간은 늘 새로운 감각을 갈망하지만, 곧 그것에 무관심해진다.
어제의 경이로움은 오늘날 흔히 일어나는 일이다."

_니콜라 테슬라Nikola Tesla

전기차 하면 가장 먼저 떠오르는 브랜드는?

아마 열에 열은 '테슬라Tesla'라고 답할 것이다. 테슬라의 압
도적인 이름값 때문에 당연히 테슬라에서 전기차를 개발했으리
라 짐작하는 이들이 많지만 최초의 전기차는 19세기에 이미 등
장했다. 사실 전기차는 내연기관차보다도 빨리 세상에 등장했
으며, 시속 100km에도 먼저 도달했다. 다만 배터리 등 기술 문
제로 20세기 후반이 되기 전까지 상업적 사용이 어려웠다.

21세기가 다가왔을 때 향후 화석연료를 사용하지 않는 친환
경 차가 새로운 대세가 된다고 누구나 상상할 수 있게 되었다.
많은 기업과 스타트업이 전기차 제작에 뛰어든다. 그러나 오직

(좌) 1881년, 프랑스의 발명가 구스타프 트루베Gustave Trouvé가 개발한 세계 최초의 전기차.
(우) 1894년, 세계 최초의 양산형 전기차.

테슬라만이 영광스러운 이름을 얻었다. 테슬라 이후 몇몇 기업이 그 이름을 드러냈지만, 그건 어디까지나 테슬라가 시장을 열었기에 가능한 일이었다. 이번 장에서는 전기차가 가능성으로만 존재하고 있을 때, 어떻게 테슬라만이 성공적으로 시장에 진입할 수 있었는지 살펴볼 계획이다. 괜한 일로 공사가 다망한 CEO에 대해 호불호가 있는데, 그에 대한 이야기는 거의 안 나오니 걱정하지 마시라.

전기차인가, 슈퍼카인가

마틴 에버하드Martin Eberhard와 마크 타페닝Marc Tarpenning이라는 두 명의 '슈퍼카supercar' 애호가가 있었다. 슈퍼카는 스포츠카의 일종으로, 스포츠카 중에서도 성능과 디자인이 뛰어난 모델을 의미한다. 그런데 여기서 말하는 성능에 연비는 포함되

테슬라의 공동 창업자 마틴 에버하드와 마크 타페닝. 그리고 그들이 주목한 tzero.

지 않는다. 슈퍼카는 그런 걸 따지지 않는다. 시속 1km라도 더 빠르다면 얼마나 많은 화석연료를 태우든 신경 쓰지 않는다.

마틴과 마크는 슈퍼카를 사랑했으나, 환경을 고려하지 않는 슈퍼카 시장에 죄책감을 느꼈고 변화를 주고 싶었다. 그들은 전기차에 기대를 걸었다. 전기차는 슈퍼카로서의 가능성을 오래전부터 가지고 있었는데, 바로 제로백(멈춘 상태에서 100km/h 속도에 도달하는 시간)이 내연기관차보다 빠르다는 것이다. 스타트가 좋다는 건 분초를 다투는 게임에서는 엄청난 메리트다. 그런 그들의 눈에 들어온 것이 AC프로펄션AC Propulsion이라는 전기차 튜닝회사 겸 동호회였다. 튜닝은 매니악한 영역이며 무엇보다 멋을 중시한다. AC프로펄션은 '티제로tzero'라는 전기차를 수제로 만들었는데, 당연히 그 형태는 멋진 스포츠카였다. 티제로는 엔진 200마력에 제로백은 4.1초로 웬만한 내연기관차들을 앞질렀다. 주행거리는 100km 정도밖에 되지 않았지만, 큰 문제는 아니었다. 슈퍼카였으니까. 앞서 말했듯 슈퍼카에서 가장 중요한 것은 성능과 멋이다. 마틴과 마크는 티제로를 직접 타보고 가능성을 확인한다. 그들은 AC프로펄션 측에 시스템을 갖춰 대량생산을 해보자고 제안했는데, 수많은 덕후들이 그렇듯이 AC프로펄션은 상업화에 별다른 관심을 보이지 않았다. 가능성이 없다고 판단했을지도 모르겠다.

결국 마틴과 마크는 자신들이 직접 슈퍼전기차를 만들 계획을 세우고 회사를 차린다. 테슬라의 탄생이다. 그들이 시장에 뛰어들었을 때는 이미 전기차 스타트업이 다수 있었지만 '슈퍼' 전기차에 집중한 건 오직 그들뿐이었다. 테슬라가 수많은 전기차 기업 중 눈에 띄었던 이유, 그래서 결정적으로 일론 머스크 Elon Musk로부터 투자를 받은 이유는 그들이 만든 것이 단순한 전기차가 아니었기 때문이다. 슈퍼카였기 때문이다. 슈퍼카였기에 전기차가 가진 거대한 단점이 크게 부각되지 않았다.

이들이 머스크로부터 투자를 받고 본격적으로 사업에 뛰어든 2004년은 사실 전기차 사업을 하기에 좋은 때는 아니었다. 1990년대 후반 불어닥친 전기차 스타트업 열풍은 상용화에 실패하면서 2000년대 들어 한풀 꺾이게 된다. 특히 2003년 말 지엠GM이 자신들이 만든 전기차 'EV1'을 전량 폐기한 사건은 시장을 얼어붙게 만들기 충분했다. 대기업도 어렵다고 손든 시장에 스타트업이 어떻게 버티겠는가. 그러나 오직 테슬라만은 그 가능성을 인정받고 안정적인 투자를 받았다.

전기차를 구매할 때 고려하는 많은 사항이 있다. 주행거리가 얼마나 되는가, 얼마나 친환경적인가, 충전을 쉽게 할 수 있는

테슬라의 첫 번째 로드스터.

가 등등. 그런데 이런 건 사회적 인프라를 갖추지 않은 상태에서는 아무리 기술이 뛰어나도 한계가 있게 마련이다. 하지만 슈퍼카라면 가능하다. 어차피 슈퍼카의 사용처는 제한적이다. 중요한 것은 얼마나 멋진가, 그리고 얼마나 빠른가다. 이 둘만 충족한다면 다른 단점들은 얼마든지 상쇄할 수 있다. 실제로 대부분의 스포츠카는 지금도 연비가 줄줄 새지만 구매자들은 별로 신경 쓰지 않는다. 그걸 신경 쓰는 사람이라면 애초에 다른 차를 선택했을 것이다.

2008년 티제로를 모태로 한 테슬라의 첫 번째 자동차 '로드스터Roadster'가 출시된다. 이 차는 10만 9,000달러(1억 4,000만원)라는 비싼 가격, 무엇보다 충전소조차 제대로 보급되지 않은 상황에서 출시했음에도 전기 스포츠카라는 독특한 콘셉트로 미국 내에서만 1,200대가량을 판매하는 데 성공한다.

당신이 테슬라라는 이름을 처음 접했을 때를 떠올려보라. 지

2017년 '2세대 로드스터' 공개 현장. 2020년 출시 예정이
었으나 야금야금 연기되어 현재는 2024년 말 출시 예정.

금은 많이 퇴색했지만, 테슬라는 여전히 멋진 차의 이미지를 가지고 있다. 테슬라는 미래적인 미를 추구한다. 미려한 차체와 위로 열리는 문, 차를 사랑하는 이들의 낭만 아닌가. 이들이 타깃으로 삼는 주 고객들은 평균적으로 학력이 높고 환경 문제에도 관심이 많다. 그래서 친환경이라는 콘셉트 역시 일종의 멋으로 작동한다. 친환경이어서 성공한 건 아니지만, 멋있는데 친환경까지 더해진다면 고객 입장에서는 더할 나위 없다.

2021년 테슬라의 전체 판매량은 93만대로 100만대가 채 안 된다. 세계 1위 자동차 기업인 도요타의 10분의 1 수준이고, 현대자동차의 4분의 1 수준이다. 하지만 고급차 시장 점유율은 테슬라가 압도적 1위다. 미래를 선점했다는 이미지는 기업에 엄청난 힘으로 작동한다. 테슬라의 시가총액은 판매 대수로만 따지면 자신들보다 10배나 더 파는 도요타보다도 배 이상 높다.

가치를 논할 때 본질을 잊지 말 것

세상에는 훌륭한 가치가 많이 존재한다. 그리고 생각보다 많은 이들이 본인이 추구하는 가치를 위해 자기 삶을 희생한다. 희생이라 말하니 당황스럽겠지만 여기서 희생이란 목숨을 거는 것까진 아니더라도 사소한 불편을 감수하거나 최대 가난을 감수하는 정도를 포함한다. 그렇다고 해도 절대적인 수가 많다고 보기는 어렵다. 지금처럼 기후위기가 심각한 상황에도, "왜 차

사진 속 환하게 웃는 남자가 탐스 창립자 블레이크 마이코스키Blake Mycoskie.

를 몰지 않느냐?"는 질문에 "기후위기 때문"이라고 답하면 이상
한 사람으로 여길 것이다. 내게는 큰 이유도 없이 차를 모는 사
람이 더 이상한데 현실에서는 정반대다. 사람들은 불의는 참아
도 불이익은 참지 못한다.

또한 멋지다는 이미지는 그 자체로도 멋이 된다. 우리 내면의
욕망과 허영을 자극해주면 아무리 단점이 많아도 팔린다. 테슬
라가 저격한 건 바로 그 지점이다.

왜 전기차 시장에서 테슬라가 최고가 되었는가? 전기차를 만
들려고 하지 않았기 때문이다. 이는 환경보호단체나 정부 등 캠
페인을 하려고 하는 사람들이 깊이 생각해보아야 할 지점이다.

2000년대 큰 인기를 끌었던 신발 '탐스Toms'를 아는가?

탐스는 1+1 마케팅으로 유명했다. 여기서 1+1은 1켤레를 사
면 2켤레를 준다는 게 아니다. 고객이 탐스를 1켤레 사면 신발
이 필요한 제3세계 아이들에게 회사가 1켤레를 기부하는 것이
다. 얼마나 아름다운 기업가 정신인가. 탐스가 뜨기 시작하자

언론은 해당 기부 방식을 집중 조명했고, 소비에 기부를 더한 '퍼네이션funation 신드롬'을 일으켰다. 그런데 탐스는 자신들이 만들어낸 이 열망에 너무 깊이 빠져버렸다. 그들은 탐스 안경(안경을 팔 때마다 제3세계 안과질환 환자 1명을 치료), 탐스 커피(커피를 팔 때마다 제3세계 식수 1병 기부) 같은 식으로 사업을 확장했다.

말만 들어도 좋은 일이다. 하지만 탐스 경영진이 간과한 사실이 하나 있다. 탐스가 성공한 이유는 그들이 불우한 아동을 도와서가 아니다. 탐스는 그냥 좋은 신발이었다. 아르헨티나 전통신발에서 영감을 받았다는 이 독특한 디자인의 신발은 발을 편하게 감싸줬다. 탐스 등장 이전에는 이런 신발이 없었다. 신기만 해도 센스 있는 사람이 될 수 있는 그런 신발이었다. 나도 과거에 탐스를 여러 번 구입했는데, 그건 어디까지나 예뻤기 때문이다. 물론 선물을 하면서 1+1 스토리를 적극 활용하긴 했다. "너 혹시 이 브랜드 아니? 네가 이 신발을 신음으로써 아프리카에…." 바로 멋진 사람 등극이지.

1+1은 훌륭한 마케팅이었지만, 성공의 본질은 아니었다. 오리지널 탐스와 같은 특색이 없었던 탐스 안경과 탐스 커피는 성공하지 못했다. 심지어 탐스를 먹여 살린 신발 사업조차, 이후 유사한 디자인의 신발이 쏟아져 나오면서 점차 인기를 잃었다. 이 또한 탐스의 인기 요인이 기부가 아니라 제품 그 자체였음을 입증한다. 가치가 정말 중요했다면 같은 디자인의 저렴한 제품이 나와도 탐스가 꾸준히 팔렸겠지.

모두가 함께 잘사는 세상을 꿈꾸는 한 사람으로서 탐스가 망한 것은 정말 안타깝다. 하지만 그게 현실이다. 성공할 때는 무엇이 성공을 이끌었는지 알기가 어렵다. 하지만 실패할 때는 명확히 드러난다. 탐스가 성공을 이어가고 싶었다면, 그래서 더 많은 제3세계 아이들에게 희망을 주고 싶었다면, 다른 전통신발 중에서 아이디어를 얻어 고객의 관심을 끌 새로운 신발을 만들었어야 한다. 그게 신발이 아니라 안경이나 모자나 무엇이었어도 상관없다. 그리고 마케팅은 1+1으로 이어가는 거지. 그럼 고객들은 멋도 내면서, 좋은 일을 한다는 만족감 역시 누렸을 것이다. 그게 사람들이 진정 원하는 바였다. 성공한 사람(혹은 기업)은 종종(아니 자주) 자신들이 성공한 본질을 잊고 언론과 대중의 표피적 열광에 넘어가 잘못된 결정을 내리곤 한다.

*

테슬라는 현재 전기차 시장에서 압도적인 영향력을 행사하고 있다. 그들은 제작부터 충전까지 테슬라만의 방식을 표준화하고 기가프레스라는 제작 방식으로 생산비용도 절감했다. 다른 회사들은 테슬라를 따라 하기 바쁘다. 테슬라가 자신들의 우위를 바탕으로 표준을 차지한 건 훌륭하다. 하지만 냉정하게 평가하자면 테슬라가 없었어도 전기차 시장은 발전했을 것이다. 테슬라가 전기차의 혁신을 이끈 것처럼 느낀다면 그것 역시 그들의 이미지에 넘어간 것이다.

이러한 관점에서 테슬라가 어떻게 해야 장기적으로 지금의 위치를 고수할 수 있는지도 명확해진다. 테슬라도 이를 잘 알고 있다. 테슬라는 전기차 시장에서 그랬듯이 완전자율주행의 첫 번째 이름이 될 가능성이 현재로서는 매우 크다. 적당한 기술력과 미래를 선점한다는 그 멋을 유지할 수 있다면, 일인자 자리를 유지할 것이다. 하지만 타 자동차 업체에 밀린다면 그들의 가치가 아무리 훌륭해도 밀려날 것이다. 그리고 CEO의 잦은 트윗은 제품의 품격을 떨어뜨릴 뿐이다. 테슬라는 몇 년 전만 해도 가장 쿨하고 멋지고 정치적으로도 올바른 차였는데, 이제는 그냥 가장 호들갑스러운 차가 됐다. 물론 여전히 멋있지만.

3

다윗이 되어라

"강한 팀이 이기는 것이 아니라, 이긴 팀이 강한 것이다."

_프란츠 베켄바워Franz Anton Beckenbauer

1988년 서울 올림픽을 기억하는가?

기억하시는 분들은 건강검진들 받으시라. 나는 전혀 기억이 없다. 다만 코리아나가 불렀던 주제곡만큼은 올림픽 주제가인지도 모른 채 자주 흥얼거린 기억이 있다.

"손에 손잡고

벽을 넘어서

우리 사는 세상

더욱 살기 좋도록"

손에 손잡고 벽을 넘자니 이런 노래를 초등학생이 싫어할 수 있겠냐고. 여기서 말하는 벽은 분명 동서냉전과 국가 간 분쟁을 의미하는 것이었을 테지만, 직관적인 초등학생에게는 그저 평화롭게 도둑질하는 노래였다. 암, 훔쳐서 더 살기 좋아져야지. 한참 뒤에 안 일이지만, 88서울올림픽은 훔친 것이었다. 그것도 모두가 행복하게. 물론 당한 나라만 빼고.

불리해서 이긴 게임

한국은 1979년, 단 9년 남은 1988년 하계 올림픽 유치에 뛰어들겠다고 결심한다. 당시 박정희 대통령은 오랜 독재로 명망을 잃어가고 있었고, 경제성장 역시 예전 같지 않은 상황이었다. 분위기를 바꿀 무언가가 필요했고, 그때 눈에 띈 게 바로 올림픽이었다. 결국 1979년 9월 25일 정부·여당 연석회의에서 올림픽을 추진하자는 안건이 통과된다. 그리고 10월 8일, 서울시장은 올림픽 서울 유치 계획을 공표한다. 상당히 급박한 결정이었다. 9년이면 제법 준비 기간을 갖춘 것 아니냐고 생각할 수도 있는데, 1988년 올림픽 개최국이 결정되는 것은 1981년으로, 1979년에서 딱 2년 남은 시점이었다.

하지만 한국은 이 2년조차 제대로 쓰지 못했다. 올림픽 유치 계획을 정식 공표하고 한 달이 채 지나지 않아 박정희 대통령이 암살당한다. 12·12 군사반란이 벌어졌고, 다음 해에는 5·18 광

주 민주화운동이 일어난다. 유치를 원했던 대통령이 사라졌고, 정세 또한 불안정해 올림픽을 준비할 여건이 되지 않았다. 박정희 사후 잠깐 대통령이 된 최규하는 결국 1980년 1월 올림픽 유치 포기를 선언한다. 최규하야 어차피 실권이 없었으니 이 역시 군부의 뜻이었을 게다. 하지만 이후 쿠데타로 대통령이 된 전두환은 시민들의 민주화 열기를 다른 곳으로 돌릴 필요가 있었다. 여기서 유명한 3S 정책*이 나온다. 그중 올림픽은 단순한 눈요깃거리를 넘어 정권의 치적이 될 만한 사업처럼 보였다. 11월 30일 전두환은 다시 "못 먹어도 고"를 외친다. 진짜 이렇게 말했는지는 모르겠지만, 뭐 그런 비슷한 저렴한 말을 했겠지.

당시 올림픽 유치를 희망한 곳은 대한민국 서울과 일본 나고

---

*　　　1980년대 제5공화국 시절 군사독재로 인한 시민들의 반발을 억제하기 위해 시행된 정책으로, 영화(Screen), 스포츠(Sports), 섹스(Sex)의 머리글자를 땄다. 정식명칭은 아니지만 '3S 정책'으로 통용되었다.

야 두 곳뿐이었다. 1970년대의 연이은 오일쇼크로 세계 경기가 얼어붙은 때였고, 서구에서는 '올림픽 회의론'이 공공연히 이야기되던 시기였다. 결정적인 사유는 1976년 몬트리올올림픽의 실패였다. 1972년 뮌헨올림픽에서 테러가 일어나면서 이후 경호비용이 40배 이상 늘어났고, 동서냉전으로 참여국은 크게 줄어들면서 몬트리올올림픽은 사상 최악의 적자를 기록했다. 몬트리올시는 올림픽이 끝난 후 파산했다. 이 사건으로 1988년 올림픽 유치를 희망하던 대다수 도시가 유치를 포기한다. '올림픽의 경제효과' 이런 말은 개발도상국에서나 하는 말이고, 선진국들은 이미 올림픽이 돈 낭비라 생각하고 있었다. 돈 낭비를 좀 하더라도 특수한 상징이 필요한 나라들이나 올림픽을 유치하는 거지. 아무튼 이런 흐름으로 예상치 못한 서울과 나고야의 일대일 매치가 벌어졌다.

군부가 고를 외쳤으니 하긴 해야겠는데 상황은 여의치 않았다. 심지어 당사자인 서울시조차 내심 유치를 안 했으면 하는 눈치였다. 올림픽을 치르려면 최소 2조 원이 들어가는데 이는 경제위기 상황에서 결코 적은 돈이 아니었다. 군부는 지들이 하자고 해놓고 비용은 서울시에 미룰 심산이었다. 막대한 비용에 경제관료와 전문가들도 부정적인 의견을 표했고, 심지어 국무총리도 반대의견을 표했다. 정권 초기, 그것도 군사정권의 계획에 이 정도로 반대했다는 건 정말 아니었단 거다. 그러다 보니 올림픽 실사단 1차 조사에서 서울은 최악의 평가를 받았다. 보통 국제올림픽위원회IOC는 후보지 중 서너 곳을 자체조사로 추린 다음 IOC위원들*의 투표로 최종 개최지를 선정한다. 다른 때였다면 서울은 예선에서 떨어졌을 것이다. 하지만 앞서 말했듯이 후보지는 두 곳뿐이었고 서울은 강제로 결선행에 오른다.

나고야는 준비된 올림픽 개최지였다. 1977년부터 착실히 계획해왔으며, 일본은 이미 두 차례의 올림픽을 개최한 바 있는 안정적인 국가였다. 반면 한국은 바로 전해에 쿠데타가 일어난 군사정권 치하의 불안정한 국가였고, 아직 동구권이 붕괴하지 않은 시점에서 북한 역시 지금보다 훨씬 막강하게 눈을 부라리고 있었다. 설상가상으로 뮌헨올림픽으로 테러에 대한 경각심이 어느 때보다 높았던지라 외부의 시선에서 분단국가의 수도 서울은 위험한 곳이었고, 나고야의 적수가 아니었다.

한국 정부 역시 돌아가는 분위기를 알고 있었기에 어차피 안 될 올림픽은 일본에 넘겨주고, 대신 1986년 아시안게임을 한국이 개최하는 방안을 모색했다. 당시 평양시가 1986년 아시안게임 유치를 노리고 있었기에 체제 경쟁 중인 한국으로서는 아시안게임이 올림픽보다 더 시급한 문제였다. 하지만 모든 조건이 유리한 일본이 굳이 한국과 거래를 할 이유가 없었다. 승부는 정해진 것 같았다. 인공지능이 판결을 맡았다면 당연히 나고야가 이겼을 것이다. 하지만 이 게임의 심판은 사람이었다.

---

*   국가별 1명 또는 2명(1회 이상 올림픽을 개최한 국가일 경우)의 위원이 있다.

한국의 유일한 강점은 상대가 일본이라는 점이었다.

1980년대 일본은 세계 최강국 중 하나로 호황기를 누리고 있었다. 당시 아시아 대륙에는 국제적 행사를 치러낼 곳이 일본 외에는 마땅히 없었고, 일본은 1964년 도쿄올림픽을 시작으로 1970년 오사카만국박람회, 1972년 삿포로동계올림픽까지 연달아 개최하며 폭발적으로 성장하게 된다. 일본은 이 시기를 거치며 서방국가를 따라잡는 단계를 지나, 초월해버렸다.

일본은 해외투자를 확대했다. 뉴욕의 록펠러센터를 사들이고 영화사 컬럼비아 픽쳐스와 유니버설 픽쳐스의 실질적 주인이 됐다. 미국 시민들 사이에는 일본이 곧 미국을 추월한다는 공포가 은연중 깔리기 시작했다. 당시 미국의 SF영화들을 보면 길거리나 간판에 일본어가 즐비하고 일본 기업이나 동양인이 악역으로 등장하는 모습을 심심찮게 볼 수 있는데, 이는 그러한 공포에 기인한다.

개최지 선정 투표는 1981년 9월 30일, 독일 바덴바덴에서 열릴 IOC 총회에서 진행될 예정이었다. 현대 정주영 회장*을 위원장으로 하는 서울올림픽 민간추진위원회는 투표가 있기 2주

---

* 군부는 전국경제인연합회에 올림픽 유치 활동을 강요했고, 연합회장이었던 현대 정주영 회장이 총대를 멨다. 그는 서울시가 예산 배정을 이유로 준비에 소홀한 모습을 보이자 사비를 들여 유치전을 기획하는 등 열정을 쏟았다. 하지만 올림픽이 개최되자 전두환과 노태우는 모두 각자의 공으로 돌리고, 그의 공로는 별로 언급하지 않았다. 심지어 사비 투자분을 보상하지도 않았다. 이 과정에서 그가 정치권에 치를 떨게 되었다고 한다. 이후 직접 대통령 선거에 출마하기도 하는데 이때 받은 정치적 무시도 이유 중 하나라고 밝혔다.

전 바덴바덴으로 가 본격적인 활동을 전개했다. 그들은 서방국가들의 공포를 적극적으로 활용했다. 서방 측 IOC위원들이 모이는 자리라면 영국이든 이탈리아든 가리지 않고 찾아가 "일본이 국제행사를 개최할 때마다 성장하는데, 이번에 또 하게 된다면 얼마나 성장할까요?" 이런 식으로 노골적인 메시지를 던졌다. 아프리카나 중동, 남미 지역에 있는 개발도상국의 표를 얻는 건 더 수월했다. 제국주의 침탈을 겪은 이들은 심정적으로 일본보다 한국을 지지했다.

스포츠 브랜드인 '아디다스adidas'도 내심 한국을 지지했다. '갑자기 웬 아디다스?' 싶을 텐데 아디다스는 유럽 스포츠계의 큰 기업이고, 올림픽에 출전하는 제3세계 국가에 무상으로 스포츠용품을 제공해 왔기에 IOC에 상당한 영향력이 있었다. 올림픽은 스포츠 브랜드의 가장 큰 시연장이다. 만약 일본이 올림픽을 개최할 경우, 미즈노·아식스 등 자국 브랜드에 힘을 실어줄 것이 뻔했다. 반면 당시 한국에는 마땅한 자국 브랜드가 없었기 때문에 아디다스에게도 기회가 생긴다. 이를 파악한 대한체육회장 박종규는 아디다스 회장 홀스트 다슬러Horst Dassler를 만나 서울을 지지해줄 것을 요청했다. 다슬러는 미주 지역의 TV 중계 협상권과 올림픽 후원 사업에 참여할 해외기업 선정권을 보장해주면 44표 정도를 움직여 보겠다고 답한다. 상당한 이권을 넘겨주는 것이었지만 유치가 불리한 한국으로서는 거절할 수 없는 제안이었다. 반면 일본 측은 다 이긴 게임이라 생각해서인지 유치전에 적극적으로 뛰어들지 않았다. 단기간에 국제

정주영 회장을 비롯한 올림픽추진위원회의 바덴바덴 활동 모습.

행사를 여러 차례 개최해 피로감도 있었고, 환경 파괴 관련 자국 내의 반대 여론도 있어 더 소극적이었는지도 모른다.

투표 직전 이루어진 프레젠테이션도 한국의 완승이었다. 설비는 없지만 앞으로 이룰 큰 그림을 그럴듯하게 그려냈다. 질문에도 성실하게 답변했다. 그것도 전부 영어로. 반면 일본의 발표는 전형적이었고 모두 일본어였다. 국제무대에서 자국어를 사용해 자부심을 드러내는 것은 중요하지만, 어쨌든 당시 세계는 동양인을 차별했고 능숙하게 영어를 구사하는 쪽에 호의를 보냈다. 그리고 앞서 언급한 일본에 대한 공포 역시 일본이 일본어를 고집하는 것을 고압적으로 보이게 했을 것이다. 프레젠테이션의 성공은 위원들에게 일종의 확신을 줬다. 일본이 개최하는 것이 싫어도 유치가 아예 불가능한 것 같은 국가에 표를 던질 수는 없으니까.

투표는 비공개로 진행됐고 승부는 싱겁게 끝났다. 52 대 27.

유치가 확정되자 환호하는 박영수 서울시장.

왼쪽 정주영 회장, 오른쪽 김택수 IOC위원. 바덴바덴에서 서울 유치 확정 직후 건배를 하는 모습.

한국의 압도적 승리였다. 일본과 관계가 깊었던 국가들, 북한과의 관계를 고려해(북한이야 한국이 유치하는 게 싫을 테니까) 투표를 하지 않은 일부 국가들을 빼면 사실상 한국은 가져올 수 있는 거의 모든 표를 끌어모은 셈이다. 이 승리를 이어 2개월 후의 1986년 아시안게임 유치까지 서울이 가져온다. 일본의 완패였다.

개최가 확정되자 한국은 믿을 수 없는 속도로 올림픽을 준비했다. 폭력적인 강제철거를 진행하는 등 수많은 문제가 불거졌지만, 어쨌든 올림픽을 계기로 대한민국은 많은 분야에서 국제표준을 따르게 됐다.

또한 공산주의 진영과 본격적인 교류를 시작하는 계기가 되었다. 자본주의 진영과 공산주의 진영은 88서울올림픽 이전까지 국제행사를 따로 개최했다. 1980년 모스크바에서 열린 올림픽에는 서구권 국가들이 참여하지 않았고, 1984년 LA에서 열린 올림픽에는 동구권 국가들이 참여하지 않았다. 한국은 서울올림픽에 동구권 국가들을 참여시키기 위해 다방면으로 노력했다. 심지어 북한을 참여시키기 위해 북측의 인공기 계양과 북한 국가를 허용하는 등 당시로서는 파격적인 제안을 했다. 물론 그러거나 말거나 북한은 불참했지만, 그 외의 동구권 국가들은 대부분 참여했다. 88서울올림픽은 동서 구분 없이 159개국이 참여해 사상 최대 참여를 기록하고 평화의 기치를 제대로 세운 올림픽다운 올림픽이었다. 한국전쟁은 동서를 나눈 전쟁이었는데, 그 전쟁이 벌어진 땅에서 평화의 제전이 열렸으니 서사도 완벽했다. 역사상 최악의 개막식*으로 꼽히는 등 몇몇 오점을 남기긴 했지만, 88서울올림픽은 큰 메시지를 남긴 성공적인 행사로 평가받는다.

한편, 나고야는 이후 많은 변고를 겪었다. 같은 1988년, 나고야의 올림픽 유치를 추진했던 정치인 나카야 요시아키가 자살한다. 그의 죽음이 올림픽 유치 실패 때문인지는 명확하지 않지만, 시기가 맞물린 건 의미심장하다. 나고야는 이후 20년 가까이 지난 2005년 아이치** 엑스포를 개최했고, 2026년 아이치·나고야 아시안게임을 개최할 예정이다. 하지만 올림픽은 여전히 개최하지 못하고 있다.

큰 적은 언제나 도움이 된다

경쟁에서 상대방이 강한 건 슬픈 일이다. 어쨌든 내가 질 확률이 높다는 의미니까. 또한 이런 상황 자체는 내가 선택할 수

---

*　　　당시 경기장에 평화의 상징인 비둘기를 풀었는데, 성화봉송 순간 성화대에 앉아 있던 비둘기들이 불길에 휩싸이는 장면이 전 세계에 그대로 방영됐다. 이른바 비둘기 통구이 사건. 이후 밝혀진 바로는 카메라 각도와 열악한 화질로 인해 많은 비둘기가 죽은 것처럼 보였지만, 실제 죽은 비둘기는 한 마리라고 한다.
**　　　나고야시가 속한 현의 이름.

여러 가지 의미에서 충격적이었던 88서울올림픽.

성화봉송을 환영하는 서울 시민들.

유치전 당시 서울과 나고야의 앰블럼. 결과를 알고 봐서 그렇겠지만 나고야는 오직 일본을, 서울은 세계가 어우러지는 걸 강조한 느낌이다.

있는 일이 아니다. 항상 나보다 약한 상대와 싸울 수는 없다. 나보다 강한 상대와 싸우는 게 명확한 상황이라면 오히려 이를 적극적으로 활용해야 한다.

강한 상대와 맞붙을 때 가장 큰 장점은 져도 비난받지 않는다는 것이다. 그러니까 지는 게 기본값이다. 이건 부담감을 큰 폭으로 낮춰준다. 강한 상대와 싸우게 되면 자포자기하는 경우도 있는데, 자포자기할 정도면 어차피 절박하지 않은 상태이므로 져도 상관없다. 무조건 '이겨야' 할 때는 상대가 어떻든 최선을 다해야 한다. 반면 상대는 방심할 가능성이 크다. 오히려 상대가 더 긴장할 수도 있다. 생각해보라. 도전자는 이기면 큰 영광을 얻고, 지면 본전이다. 반면 챔피언은 이겨야 본전이고, 지면 너무 많은 것을 잃는다. 인간이란 이겨서 많은 것을 얻을 수 있는 시합보다 졌을 때 잃을 게 많은 시합에서 더 초조해지고 실수하기 마련이다.

또한 큰 게임은 당신의 체급을 키운다. 당신이 강한 상대와 붙은 것만으로도 제삼자의 눈에는 당신과 강자가 비슷한 체급으로 보인다. 선거철만 되면 낙선이 뻔한 사람들이 줄줄이 출마하는 이유도 이 때문이다.

승부는 많은 경우 운과 정치력으로 결정된다. 88서울올림픽이 대표적인 경우라 하겠다. 아마 개최지 유치가 기록 대결이었다면 결과는 달랐을 것이다. 게다가 사람들은 자신과 무관할 때 약자에 호의적이며, 그들이 승리하길 바란다. 스포츠 경기를 볼 때 명확히 응원하는 팀이 없으면 약팀을 응원하는 게 인지상정이다. 사람들은 약자에게 측은지심을 가지고 있다. 약자의 승리는 지켜보는 이들에게 감동까지 준다. 그렇기에 자신을 약자, 더불어 피해자로 프레이밍하는 건 훌륭한 전략이 된다. 대화를 하다 보면 종종 약자배틀(내가 더 약자야, 내가 더 불쌍해)이 벌어지곤 하는데, 이건 사실은 좋은 위치를 선점하기 위한 수싸움이다. 어떤 포지션이 유리한지 본능적으로 아는 거지.

그렇다고 언제까지고 약자로 머물라는 건 아니다. 세상에는 나보다 강한 상대가 언제나 있다. 약하고 강함은 상대적이다. 우리는 처신에 따라 원하는 위치를 가질 수 있다. 예를 들어 같은 유니콘 기업*이라고 해도, 어떤 상대와 비교되느냐에 따라 '대기업과 별반 다를 바 없는 스타트업'이라고 비난받을 수도 있고, 반대로 '대기업의 횡포에 맞서는 스타트업'으로 평가될 수도 있다. 올림픽 유치전에서 한국은 강력한 상대인 일본 덕분에 '북한과의 체제 경쟁에서 승리한 남한'이 아니라 '강대국 일본에 식민지배를 받았지만 떨쳐 이겨낸 한국'이 될 수 있었다. 그렇기에 북한과 가까운 동구권 국가들조차 서울에 동질감을 느끼고 표를 던진 것이다. 한국은 비슷한 전략으로 일본이 눈독 들이던 2002년 월드컵에도 뒤늦게 뛰어들어 공동개최를 따냈다. 한국인인 나야 탁월한 전략의 승리라고 평가하지만, 일본 쪽에서는 올림픽과 월드컵을 도둑맞았다고 느낄지도 모르겠다.

---

*   기업 가치가 10억 달러가 넘는 창업 10년 이하의 비상장 스타트업.

결론. 그러니 언제나 다윗이 되어라. 당신은 수없이 지고 가끔 이기겠지만, 사람들은 당신의 승리를 기억할 것이다.

4

한 놈만 팬다

"나에게 한 문장만 달라. 그러면 누구든 범죄자로 만들 수 있다."

_출처 불명*

사람은 셋만 모여도 뒷담화를 한다. 정확히는 셋이 모여 한 명이 자리를 비우면 그제야 진정한 대화가 시작된다. 뒷담화만큼 관계를 빠르게 결속시키는 것도 없다. 물론 선을 잘 타야 한다. 너무 자주 많이 하거나 수위 조절에 실패하면 오히려 반감을 사게 되니까. 흥미로운 점은 뒷담화를 하는 대다수가 본인은 그 선을 아주 잘 지키고 있다고 생각한다는 것이다. 그러나 제삼자 입장에서 보면 선을 안 넘는 인간이 없다. 대다수는 뒷담

---

* 나치 독일의 선전부 장관 요제프 괴벨스Joseph Goebbels의 말로 세간에 알려져 있으나 사실이 아니다. 하지만 너무 그럴듯한 말이라 여전히 자주 인용된다.

화가 옳지 않다고 말하면서도 뒷담화를 한다. 심지어 뒷담화를 한다고 뒷담화를 한다. 지금 내가 그렇다. 하여간 뒷담화는 우리가 원하든 원치 않든 인간관계에서 매우 중요하게 작동한다.

연진아, 내 꿈은 너야.

뒤에서 자기들끼리 나누던 담화를 그 대상이 인지하게 되면 그때부터 따돌림이 된다. 이 단계를 흔히 '은따'라고 한다. 그리고 따돌림이 노골화되면 그때부터는 '왕따'라 할 수 있다. 왕따의 존재가 굳어갈수록 가해자들의 괴롭힘도 점점 눈치를 보지 않게 된다.

흥미로운 건 사건 발생 후 가해자 집단 구성원들이 더 돈독해진다는 점이다. 이제 본인은 뒷담화 대상이 되지 않는다고 생각해서인지, 혹은 악행을 나누고 있다는 동질감 때문인지 모르겠지만 어쨌든 한층 더 친밀해진다. 그에 따라 제삼자 입장에서는 이해하기 어려운 장면이 연출된다. 왕따에게는 아무렇지 않게 폭력을 가하는 이가 친구가 넘어져 살짝 까지기라도 하면 "아파? 내가 약 사 올게" 호들갑을 떨고, 왕따에게는 폭언을 일삼는 동시에 친구에게는 작은 말실수에도 "미안, 내가 심했어" 성심껏 사과한다. 그 위선에 속이 뒤집히겠지만 놀랍게도 이건 빈말도 위선도 아니다. 원래 인간은 대상에 따라 본심이 바뀌는 이중적인 존재니까.

그런 면에서 드라마 〈더 글로리〉가 그리는 왕따는 작위적이다. 고데기로 지지는 게 그렇다는 건 아니다. 더 끔찍하고 잔혹한 일도 현실에서 벌어진다. 작위적인 것은 가해 집단인 연진이 크루의 관계다. 이들은 친구라기보다는 경쟁관계에 가깝고, 서열이 확실하다. 계급이 명확하며 틈만 나면 상대를 짓밟고 올라서려 한다. 피해자 동은이를 빼고 보아도 그곳은 냉혹한 정글이다. 사람들은 아이들의 세계를 이런 식으로 그려내는 것을 좋아한다. 하지만 현실에서는 그렇지 않다. 아이들은 서로의 계급을 직접적으로 드러내지 않는다. 그래서 왕따를 당하는 학생을 제외하면 나머지의 사이는 화목하다. 드라마에서는 '그 아이를 왕따시키지 않으면 내가 왕따가 될 수 있으니 왕따에 가담하는 것'처럼 나온다. 동은이가 아니면 혜정이 같은 식이다. 실제로 그런 경우가 있지만 그건 표면적으로 드러나지 않는다.

아니, 드러나서는 안 된다. 만약 현실에서 연진이처럼 친구를 대했다간, 연진이의 악행이 이슈가 되어서 오히려 그가 새로운 왕따가 되었을 것이다. 사람들은 이런 정의구현을 미치도록 좋아하거든. 정의구현의 심판은 빠르게 새로운 대상을 찾는다. 그래서 현실의 연진이는 동은이에게는 함부로 대하면서도 다른 친구의 사소한 아픔에는 눈물을 흘린다. 현실의 연진이는 한 놈만 팬다. 그리고 다른 사람들은 모두 연진이를 좋아한다. 그래서 왕따가 무서운 것이다. 연진이가 모두에게 악독한 것이 아니라 오직 나에게만 악독한 것이므로.

왕따를 주도하는 사람 대부분은 평판이 좋다. 평판이 나쁘면 분위기를 몰아가지도 못한다. 본인은 분위기만 만들고 직접적인 가해는 다른 행동대장들이 하므로 발각되더라도 처벌을 강하게 받지도 않는다. 모두 그렇진 않지만, 자기 사람에게 과하게 친밀하게 구는 사람들은 그만큼 외부인, 즉 자기 사람이 아니라고 생각하는 이들에 대한 적대감도 강하다. 이런 경우가 잘못 발현된 것이 왕따다. 그러니 왕따가 발생하면 제삼자들까지도 이렇게 생각한다. '우리'는 괜찮은데 '쟤'가 이상한 거라고. 이건 왕따가 아니고 쟤는 왕따를 당해도 마땅하다고. 심지어 피해자도 그렇게 가스라이팅 된다. 그래서 왕따의 세계에는 죄책감이 없다. '저 아이가 아니면 나'라는 것도 없다. 왕따의 고통을 보고 나도 저렇게 될 수 있겠다고 생각할 순 있지만, 이는 그 왕따를 해결하는 것이 아니라 가해자와 더 친밀하게 지내는 것으로 해결된다. 그래서 왕따의 세계에는 구원이 없다.

그런데 이 왕따 전략은 아이들이 아니라 어른들의 세계, 나아가 국가 간의 관계에서도 유효하다.

독일제국과 왕따

독일이 하나의 통일국가가 된 건 1871년이다. 한반도 최초의 통일국가가 7세기에 등장한 걸 생각하면 상당히 늦은 시기다.

유럽은 한반도와 달리 각 국가들이 서로 국경을 넓게 맞대고 있어 분쟁이 잦았고, 그 때문에 통일국가를 만들기 어려운 측면이 있었다. 하지만 프랑스나 영국, 스페인이 중세 때부터 어느 정도 통일된 모습을 보인 것과 달리 지금의 독일 지역은 근대에 이르러서도 여러 국가로 나뉘어 있었다.

더 큰 문제는 독일의 주변국들이었다. 동쪽에는 러시아, 서쪽에는 프랑스, 남쪽에는 오스트리아와 헝가리가 버티고 있었다. 이들은 자기들 간의 힘겨루기에 따라 독일 땅을 그때그때 나눠 먹으며 통일을 방해했다. 독일 내에서 한 세력이 강해져 통합의 기미가 보이면 프랑스는 약한 쪽 편을 들어 세력 균형이 이뤄지도록 만들었다. 독일은 유럽 대륙의 가운데 위치하고 있다. 그만큼 잠재력은 컸지만, 약소국일 때는 엄청난 단점이다. 독일은 1,000년간 약소국이었고 영토는 늘 전쟁터였다.

하지만 결국 때가 온다. 프랑스혁명은 전 유럽에 민족주의 열풍을 불러일으켰고, 독일도 이 분위기에 편승한다. 지난한 통일의 과정은 건너뛰자. 1870년 북독일 연방을 주도하는 프로이센 왕국이 독일 남부 지역에 영향력을 행사하던 프랑스와의 전쟁에서 승리함으로써 하나의 국가인 통일 독일을 건설한다. 그리고 이듬해인 1871년 1월 18일, 프로이센은 독일제국을 선포하고 황제 빌헬름 1세의 대관식을 성대하게 연다. 어디서? 프랑스 베르사유궁에서.

바로 물음표가 뜰 것이다. 아니, 독일 황제 대관식을 왜 프랑스에서 해? 왜? 혹자는 프랑스를 물리친 독일이 위세를 과시하기 위해 그동안 자신들을 무시해 온 프랑스에서 대관식을 치렀다고 말한다. 감정적 해소라는 것이다. 물론 그런 측면도 있을 것이다. 하지만 국제사회의 그 어떤 일도 감정만으로 이루어지진 않는다. 그리고 당시 독일을 이끌던 인물은 역사상 최고의 정치인으로 평가받는 철혈재상, 오토 폰 비스마르크Otto von Bismarck 후작이다.

비스마르크는 전쟁도 잘했지만, 승리 후 유지를 더 잘했다. 유지를 잘하는 이런 사람들은 보통 매우 합리적이며, 필요 이상으로 상대를 자극하지 않는다. 상대방이 나에게 원한을 품게 되면 비합리적으로 행동할 가능성이 커지고, 비합리적 행동은 예측이 불가능해 언젠가 위협이 될 수 있다. 그래서 그는 전쟁에 이기더라도 늘 상대가 이해 가능한 수준에서만 그들을 압박했다. 대표적인 것이 1866년 오스트리아와의 전쟁이다. 독일 통일 과정에서 비스마르크는 독일 지역에서 영향력이 컸던 오스트리아와 싸워 이겼지만, 오스트리아 영토로 쳐들어가진 않았다. 전쟁에서 졌으니 당연히 오스트리아의 감정이 좋지 않겠지만, 통일 과정에서 맞붙은 것이니 이해 못 할 일은 아니다. 그러나 만약 독일이 오스트리아를 쫓아내는 데서 그치지 않고 오스트리아 본토까지 쳐들어갔다면, 이는 독일에 대한 원한으로 표출됐을 것이다. 그랬기에 비스마르크는 충분히 이길 수 있는 상황에서 휴전협정을 맺었다. 이후 오스트리아와 독일은 둘도 없는 우호국이 된다.

그런 비스마르크가 프랑스를 상대로는 전혀 다르게 행동한다. 그는 항복한 프랑스에 군사를 이끌고 가서 베르사유 궁전을 접수한다. 그리고 굳이 그곳에서 독일제국을 선포하고, 빌헬름 1세의 대관식을 거행한다. 다른 나라가 침공하고 그들의 대관식을 베르사유에서 진행하다니, 프랑스로서는 굴욕도 이런 굴욕이 없다. 황제가 되는 빌헬름 1세조차 너무 심하다며 비스마르크를 말렸을 정도다. 물론 그러거나 말거나 비스마르크는 자신의 의지를 관철했다. 비스마르크는 대체 왜 이런 행동을 한 것일까?

그는 독일이 살기 위해 프랑스를 공식 왕따로 만들 생각이었다. 그리고 그렇게 하면 프랑스와는 척을 질 수밖에 없다. 어차피 망가질 관계 그동안 자국민들에게 쌓인 스트레스를 모두 날릴 웅장한 퍼포먼스를 벌인 것이다.

왜 하필 프랑스였을까? 이를 위해서는 프랑스가 당시 유럽에서 어떤 이미지였는지를 알아야 한다. 프랑스는 어떤 나라인가? 세계에 민주주의를 가져온 대혁명이 일어난 나라이자 문화 선진국 등의 이미지를 흔히 떠올릴 것이다. 물론 프랑스는 그런 국가다. 하지만 당시 유럽에서 프랑스의 이미지는 아시아 내에서의 중국과 비슷한 측면이 있었다. 실제로 프랑스를 유럽의 중국이라고 부르기도 한다. 물론 이 표현에는 이중의 혐오가 들어 있지만, 당시 정서가 그랬다는 거다.

프랑스는 중세 유럽에서 인구가 가장 많았다. 최고로 많을 때는 유럽 인구의 25%를 차지했다. 대혁명이 일어난 시기에는 3,000만 명이 넘었는데, 당시 영국이나 독일 지역의 인구가

안톤 폰 베르너가 그린 빌헬름 1세의 대관식.

1,000만 명이 채 안 됐으니 체급이 다른 강국이었다고 할 수 있다. 산업혁명으로 영국이 압도적인 강대국이 되었을 때도 전체 생산량은 프랑스가 더 높았다. 러시아가 동쪽으로 영토를 확장하면서 인구수 1위 타이틀은 넘어갔지만, 러시아는 여전히 유럽의 변방이었다. 아무리 찌그러져도 프랑스는 경제대국이고 강대국이었으며 유럽의 중심이었다. 유럽을 선도한다는 자부심이 강했던 프랑스는 마치 모든 문화가 그들 손에 만들어진 것처럼 행동했고, 유럽인들은 프랑스의 문화를 부러워하면서도 재수 없어 했다.

비스마르크와 독일은 그런 반프랑스 감정에 숟가락을 얹었다. 독일은 여러 국가와 각종 동맹을 맺으며 프랑스를 교묘하게 고립시켰다. 앞에서 말했듯이 왕따가 하나 있으면 다른 문제는 모두 묻히게 마련이다. 강대국에 둘러싸인 독일은 한쪽만을 공격해 개활지로서 자신의 단점을 커버했다. 그렇다고 프랑스 공격에만 집중해서 되느냐? 당연히 다른 국가들에는 선의를 보여야 한다.

비스마르크의 태도를 가장 잘 보여주는 것이 식민지 정책이다. 당시 프랑스와 영국은 해외 식민지를 두고 땅따먹기를 하는 중이었는데, 이 과정에서 분쟁이 생기면 독일은 주로 영국 편을 들어주었다. 물론 영국의 힘이 압도적으로 커지는 것도 바람직하진 않았기에 세력 간 균형을 맞추려고 했지만, 영국과 척질 선택은 절대 하지 않았다.

이게 가능했던 이유는 비스마르크가 다른 서구 열강들이 모

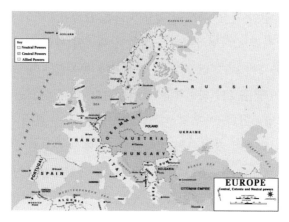

1914년 유럽의 지도.

두 관심을 가졌던 해외 식민지에 전혀 관심이 없었기 때문이다. 그는 식민지가 본국에 도움이 되기는커녕 발목을 잡는다고 생각했다. 독일은 식민지 지배에 필수적인 해군을 아예 키우지 않았다. 북쪽으로 바다를 끼고 있긴 했지만 어차피 영국을 통하지 않고서는 나가기 어려운 구조였고 나갈 생각도 하지 않았다. 아무리 그래도 방어용으로 필요한 게 아닌가 싶겠지만, 비스마르크는 단호했다. 괜히 해군을 키워 오해를 살 이유가 없었다. "영국 해군이 북쪽에서 공격해 들어오면 어떻게 할 계획이냐?"는 기자의 질문에 "경찰을 보내서 체포하겠다"고 태연하게 답할 정도였다. 심지어 비스마르크는 탐험가나 선교사들이 아프리카 대륙 등 기타 해외 지역으로 가려고 하면 이들을 감옥에 가둬버렸다. 식민지 전쟁의 전초전이 될 수 있는 싹을 사전에 제거한 것이다.

당시 유럽 국가들의 사소한 충돌이 대부분 식민지로 인해 벌어졌기에, 비스마르크의 선택은 독일에 안정을 가져왔다. 다른 국가들이 식민지 확장에 정신이 팔려 밖으로 도느라 지지부진할 때, 독일은 내부적으로 국가통합과 안정에 집중하고 기술을 발전시켜 홀로 가파른 성장곡선을 그렸다.

왕따 전략의 핵심은 일관성이다. 한 놈만 패야 한다. 적의 적은 동지가 될 수 있고 적을 여럿 두면 왕따 전략이 깨질 수 있다. 그래서 다른 이들과는 동지가 되어야 하며 최소한 간섭은 못 하게 막아야 한다. 비스마르크는 이를 잘 알고 그대로 실행했다. 비스마르크가 역사상 최고의 정치인으로 손꼽히는 이유는 언제나 공공의 적, 왕따 전략을 기가 막히게 유지했기 때문이다. 통일 과정에서는 오스트리아를, 통일 후에는 프랑스를.

제1차 세계대전 이후 아돌프 히틀러Adolf Hitler의 나치당이 독일에서 집권할 때도 왕따 전략을 사용했다. 나치는 패전으로 생긴 모든 정치적·경제적 문제를 유태인에게 덮어씌었다. 당시 독일에는 어쨌든 해결책이 필요했고, 그들은 단순하고 명확한 답을 제시함으로써 대중의 지지를 받았다. 그들은 집요하게 유태인을 공격했다. 심지어 전쟁이 발발하고 전쟁에 밀리던 와중에도 유태인을 척결하는 일만은 게을리하지 않았다. 누구는 '그래서 졌다'고 결과론적으로 말하지만, 애초에 그렇게 행동했기에 그들은 내부로 결속을 다지고 집권할 수 있었던 것이다.

아돌프 히틀러와 어쩌면 이 책 전체의 주인공이라 할 수 있는 괴벨스.

단순함이 복잡함을 이긴다

물론 세상은 만만하지 않다. 왕따를 못 시킬 대상도 많으니까. 하지만 걱정할 필요 없다. 왕따를 못 만들면 적대적 공생관계도 괜찮다. 적을 규정하고 공공의 적을 만들어 내부의 힘을 나에게 집중시킬 수 있다. 우리 편이 아무리 마음에 들지 않아도, 상대가 너무 싫어서 하나가 된다. 이때는 적이 커도 상관없다. 한쪽에서 이렇게 나오면 보통 반대편에서도 같은 전략을 사용하기 때문에 양측은 적대적 공생을 유지할 수 있다. 정치권에서 이런 경우를 흔히 볼 수 있다. 국가 내에서든 국가 간에서든 모두 성립한다. 독일 철학자 카를 슈미트Carl Schmitt는 저서 《정치적인 것의 개념》에서 "우리와 적을 나누는 것이 정치의 시작이자 모든 것"이라 말한다.

왕따 전략과 적대적 공생관계는 대중을 선동하는 데 너무도 효과적이어서 지금도 광범위하게 사용된다. 아니, 오히려 더 늘어난 느낌이다. 아마 지금도, 스스로는 아니라고 굳게 믿고 있겠지만, 우리는 언제나 무언가에 선동당하고 있다. 그런 분들을 위해 타인 혹은 집단의 전략에 속지 않는 간단한 팁을 드리겠다. 단언하는 사람을 조심하라. (바로 지금처럼.)

세상은 복잡하다. 쉽게 설명되는 것이 없다. 그런데 그 대상이 누구이고 무엇이든 문제는 언론이야, 검찰이야, 대통령이야, 부자들이야, 친일파야, 빨갱이야, 여당이야, 야당이야, 신자유주의야 단언해서 말하고 상대방을 공격하는 자들은 "문제는 유태인이야" 외친 나치와 별반 다를 바가 없다. 그들은 그 공언을 통해 문제를 해결하려는 것이 아니라, 상대방을 비난해 자신의 세를 불리거나 후원금이나 걷으려는 시정잡배 또는 사이비 교주, 그나마 좋게 봐준다면 현실을 모르는 이상주의자다. 모든 경우가 그렇진 않겠지만 적어도 대다수는 그렇다.

그런데 나 같은 일개 작가도 파쇄법을 아는 이 단순한 전략이 지금도 끊임없이 반복되는 이유는 파쇄법을 부수는 방어법이 있기 때문이다. "상대방의 말을 들어보자"고 하는 이성적인 사람들을 변절자나 회색주의자, 배신자로 몰아버리는 것이다. 사람들은 적보다 배신자를 더 싫어한다. 설명이 길어지면 거짓말이라고 생각한다. 메시아가 나서서 배신자라고 선언하면 지지자들이 개떼처럼 달라붙어 뜯어먹는다. 결국 생각이 다른 이는 침묵하고, 단순한 논리가 끝없이 확장하고 승리한다. 그러니 문서를 위조한 잡범을 지키자고 집회를 하고, "바이든"이라 말해도 "날리면"이라 듣는 이들이 존재하는 거지.

이 전략에 대해 이렇게도 극단적으로 비판하는 이유는, 이 전략이 그만큼 강력하기 때문이다. 우리는 삶의 많은 에너지를 무엇을 판단하고 선택하는 일에 사용한다. 고민은 실제로 엄청난 에너지를 소비하지만 멀리서는 그냥 어영부영하는 것으로밖에 보이지 않는다. 그런데 사건을 하나의 기준으로만 단순하게 판단하기 시작하면 옳든 그르든 모든 것이 확실하고 명확해진다. 고민할 필요가 없다. 고민이 없는 만큼 추진력이 좋아지며 목표에 이르기도 쉽다. 신념에 차 있어서 한 방향만 보고 달릴 수 있다. 마치 터널 속에서 반대쪽 빛을 향해 돌진하듯 앞으로 앞으로 직선으로 나아간다. 자살폭탄테러를 하는 이들을 보라. 그 정도의 과감성과 추진력은 의심하지 않는 믿음―광기―을 가졌을 때야 가능하다. 아이러니하지 않은가? 진정으로 고민하는 사람은 성과를 얻기 어렵고, 멋모르고 달리면 성취한다. 그리고 대중들은 후자에 더 모여든다. 경제가 수렁인데 아무것도 못 하는 합리적인 사람보다는 "이게 다 유태인 때문!"이라고 오답이라도 지르는 집단이 더 나아 보이는 것이다.

인과응보? 왕따 전략이 실패하는 순간

하지만 우리는 알고 있다. 비스마르크도 나치도 그리고 연진이도 결국 실패했다. 이것은 인과응보인가? 왕따 전략의 필연적 업보일까? 그러면 너무 좋을 텐데 안타깝게도 그렇지 않다. 왕따 전략의 실패는 오히려 가해자들이 자신의 일관성을 지키지 못하기에 일어난다.

먼저 비스마르크의 경우를 보자. 냉철한 지도자 비스마르크는 치명적인 약점을 가지고 있었다. 바로 황제가 아니라는 점이다. 그는 황제가 임명한 일개 수상이었다. 그러니까 황제의 신임이 없으면 더 할 수 있는 일이 없었다.

통일 독일에서 태어난 젊은 세대는 과거 분열되어 고통받던 시절의 독일을 몰랐다. 그들의 눈에 비스마르크의 정책은 너무 보수적이었다. 다른 강대국이 가지고 있는 식민지도 없고, 해군도 없었다. 강대국이 쭈구리처럼 타국의 눈치만 살피는 것처럼 보인 거지. 하지만 비스마르크는 그런 여론을 신경 쓰지 않았다. 함께 제국을 건설한 황제 빌헬름 1세에게 비스마르크에 대한 무한한 신뢰가 있었기 때문이다. 그는 의견이 충돌할 때면 언제나 사표를 제출했고, 그러면 황제는 "넣어둬, 넣어둬" 다독이며 그의 뜻을 받아들였다.

문제는 빌헬름 1세 사후 불거졌다. 병약한 다음 왕도 후딱 죽고 새롭게 왕이 된 빌헬름 2세는 여론을 신경 쓰기 시작했다. 그때부터 비스마르크의 정책에 제동이 걸린다. 충돌이 생기자 비스마르크는 빌헬름 1세에게 그랬듯이 또다시 사표를 제출한다. 그런데 빌헬름 2세는 냉큼 이 사표를 받아들인다. 아쉽지만 어쩔 수 없네요. 짐은 이미 로켓배송으로 보냈어요. 1890년, 비스마르크는 이런 말을 남기고 퇴임했다. "이런 식이라면 15년 내독일에 파멸이 올 것이다."

당시 만평. 독일이라는 배에서 쫓겨나는
비스마르크와 위에서 바라보는 빌헬름 2세.

서로 각자 다른 길을. 빌헬름 2세와 비스마르크.

새롭게 키를 잡은 빌헬름 2세를 한마디로 표현하자면 이렇게 말할 수 있을 것 같다. 가오충. 그는 주변 국가들이 하는 짓은 다 해야 했다. 제국이 가오가 있지, 언제까지 찌그러져 있어. 식민지도 가져야 했다. 식민지를 관리하기 위해서는 해군이 필요하다. 그 말은 영국과의 충돌을 의미한다.

러시아와의 비밀협정도 파기한다. 언제부터 독일이 러시아 촌놈들과 겸상을 했어.* 독일이 웅크리고 있던 어깨를 펴자 주변국들이 깜짝 놀란다. 독일의 국력이 기존에 알던 것보다 훨씬 강했던 것이다. 이렇게 되자 프랑스를 고립하려던 비스마르크의 계획은 물거품이 되고, 오히려 독일이 고립된다. 주변국들은 독일을 경계하며 프랑스와 동맹을 맺기 시작한다. 1894년 러시아가 프랑스와 군사동맹을 맺는다. 1904년에는 영국과 프랑스가, 1907년에는 영국과 러시아가 협상을 맺으면서 독일을 둘러싸고 영국, 프랑스, 러시아의 삼국협상이 형성된다.

독일에게 친구라고는 오스트리아밖에 남지 않는다. 오스트리아는 자국 문제로 해외에 신경 쓸 겨를이 없어, 독일과 충돌할 일도 없었다. 독일에게 오스트리아는 잃어서는 안 될 최후의 보루였다. 만약 오스트리아마저 등을 돌린다면 독일은 그야말로 동서남북 4면 모두 적대국에게 포위되는 것이다.

이때 오스트리아의 황태자가 암살되는 일이 벌어진다. 황태자가 암살된 뒤 어떻게 대처해야 할지 고심하던 오스트리아는

---

*   서유럽 지역은 전통적으로 러시아 지역을 무시하는 경향이 있다. 지금까지도.

형님으로 모시던 독일을 찾아간다. 만약 비스마르크였다면 어떻게든 전쟁이 일어나지 않게 조절했을 것이다. 전쟁이 나도 회피했을 것이다. 비스마르크 재임 당시 독일은 남의 전쟁에 관여하지 않았다. 모두와 동맹을 맺었고, 그들이 싸우면 균형을 맞출 뿐 위험한 상황에는 처하려 하지 않았다. 비스마르크는 모두의 친구였지만 누구의 친구도 아니었다. 하지만 모든 친구를 잃은 독일은 마지막 친구를 위해 불구덩이에 뛰어들 수밖에 없었다. 빌헬름 2세는 오스트리아에 무조건적 협력을 약속하는 백지수표를 던진다. 1914년 7월 28일, 오스트리아는 독일이라는 막강한 배후를 믿고 세르비아에 선전포고를 한다. 1차 세계대전의 막이 오른 것이다. 그리고 알다시피 독일은 패배한다. 그들은 비스마르크가 주창한 왕따 전략을 고수하지 못하고 그들의 힘을 과신하다 결국 무너졌다.

　나치 독일도 마찬가지다. 그들 역시 왕따 전략으로 권력을 움켜줬지만, 전선을 확대함으로써 모두와 적이 되었다. 나치가 처음에 유태인을 적으로 삼았을 때, 안타깝게도 많은 유럽 국가의 시민들이 이에 동조했다.[*] 나치가 독일 민족을 내세워 주변국을 침략했을 때, 시민들은 히틀러의 입성을 오히려 환영했다. 하지만 그 범위가 민족을 넘어서자 주변의 모든 국가가 돌아섰고 결국 패배했다.

---

[*]　유럽인들이 나치의 유태인 학살에 지금도 함께 사죄하는 데에는 이런 역사적 배경이 존재한다.

왕따 전략과 적을 만드는 전략은 그 자체로 실패를 담보하진 않는다. 하지만 이는 필연적으로 자만을 불러온다. 왕따 전략에서는 왕따가 있어야 한다. 상대가 있어야 적대적 공생이 가능하다. 상대를 존중할 필요는 없지만 완전히 제거해선 안 된다. 그리고 전선을 흐트러뜨려서도 안 된다. 한 놈만 팬다. 이 말을 잊는 순간 가해자는 왕따보다도 빨리 무너진다.

5

저한테 왜 그러셨어요?

"태산은 한 줌의 흙도 사양하지 않아 그 높이를 이루었고,
황하는 한 줄기의 시냇물도 가리지 않아 그 깊이를 이루었다."

_이사李斯 〈간축객서〉

때는 춘추전국시대의 막바지, 이사李斯와 한비韓非라는 학자가
있었다. 둘은 당대 일타강사 중 한 사람이었던 순자荀子 아래에
서 함께 공부한 일종의 동문이다. 한비는 학창시절에 이름을 한
번쯤은 들어봤을 법가의 대표주자인 한비자다. 공자, 맹자, 순
자, 노자, 장자처럼 이름 뒤에 '-자子'를 붙이는 것은 존경의 표
현으로 주로 높은 학문적 성취를 이룬 위대한 스승에게 붙인다.
그러니 '-자'가 붙은 것만으로도 한비가 어느 정도 위상을 가지
고 있는지 알 수 있다. 그는 성악설로 대표되는 순자의 사상을
발전시켜 법가 사상을 집대성했다. 법가는 시스템 정치를 강조
하는데, 얼핏 생각해도 난세를 끝내기에 더없이 적당한 철학처

진시황의 무덤을 지키는 병마용 군대.

럼 보이지 않는가. 그래서 사람들은 법가의 대표격인 한비자가 당대에 큰 성공을 거두었을 것이라 생각하는 경향이 있다.

하지만 시황제를 도와 전국시대를 끝낸 법가의 실질적 에이스는 위대한 한비자가 아닌 이인자 이사였다. 이사는 도량형 통일 등 제도를 정비해 나라의 기반을 확립하는 데 크게 이바지한 인물이다. 시황제와 함께 중국을 통일한 일등 공신이었고 재상이었다. 반면 한비자는 훨씬 더 큰 명성과 실력을 가지고 있었음에도 특별한 성과를 이루지 못하고 생을 마감했다.

이사는 과연 어떻게 자신보다 이름난 한비자를 제칠 수 있었을까? 당신은 후대에 추앙받는 한비자가 되고 싶은가, 현생에서 성공한 이사가 되고 싶은가? 나? 당연히 후자지.

2등이 1등을 제치는 방법

혼란기였던 춘추전국시대에 다양한 사상가들이 등장하는데, 이를 흔히 제자백가라고 한다. 사상가라고 하니까 뭔가 거창하게 들리는데 제자백가는 지금으로 치면 일종의 취업 학원이었다. 이사와 한비의 스승이었던 순자는 유학에 바탕을 두긴 했지만, 현실 정치를 깊이 고민하고 사상을 발전시켰기에 그의 제자들은 타 학원생들보다 취업성공률이 높았다.

학업을 마친 이사와 한비는 각각 진秦나라와 한韓나라에 취업하게 된다. 한비는 학창시절부터 명성이 높았으므로 원하는 곳

어디든 갈 수 있는 선택권이 있었다. 그는 고향 한나라로 금의
환향했다. 한비보다 명성이 낮았던 이사는 당시 변방이었던 진
나라로 간다. 그리고 이 결정은 둘의 운명을 갈라놓는다.

초기 진나라는 땅도 척박하고 이민족들도 많아 본토 출신 인
재들이 꺼리는 곳이었다. 이사와 한비가 일자리를 구할 때는 이
미 진나라가 강대국이 된 이후였지만, 본토인들이 여전히 진나
라를 선호하지 않았다. 그렇기에 진왕은 인재 영입에 적극적이
었고, 많은 기회를 제공했다. 그리고 그중에서도 에이스로 꼽혔
던 이사는 자신이 원하는 대로 진나라를 설계할 수 있었다. 반
면 한나라로 간 한비에게는 기회가 오지 않았다. 명성 덕에 시
작부터 높은 자리에 오르기는 했지만, 이미 체계가 잡힌 한나라
에서 그가 할 수 있는 일은 적었다. 그는 국가를 바로 세울 수 있
는 많은 조언을 했지만, 왕은 그의 말을 귀담아듣지 않았다. 변
화를 꾀하기에는 한나라는 이미 완성된 국가였다. 시간이 지나

드라마 〈대진제국〉의 한 장면. 인용문의 〈간축객서〉는 외국 인재를 추방
하라는 축객령에 반대하며 이사가 올린 글이다.

며 진나라는 더욱 강성해지고 한나라는 기울기 시작한다.

진왕은 한비에게도 특별한 관심을 가지고 있었다. 이사도 이정도로 탁월한데, 한비는 얼마나 대단한 인물이겠는가. 진왕은 한비를 만나고 싶다고 노래를 부르고 다녔다. 이사는 썩 내키지 않았을지 모른다. 마치 연인이 내 앞에서 다른 이성을 칭찬하더니 언젠가부터는 상사병에 걸리는 꼴을 보는 거지. 그런데 이사는 오히려 한비를 만날 묘안을 진왕에게 알려준다.

"진나라가 한나라에 선전포고를 한다면,
전쟁을 막기 위해 한비가 직접 달려올 것입니다."

진왕은 이사의 조언대로 선전포고를 했다. 그러자 예상대로 한비가 한나라의 사신으로 진나라에 온다. 진왕을 만난 한비는 왜 진나라가 지금 한나라를 공격하면 안 되는지에 대해 논리적으로 설명한다. 하지만 진왕이 보기에 그 논리는 미흡했고, 한비가 그렇게 탁월한 인물로 보이지 않았다. 한나라 입장에 서서 진나라가 침략하면 안 된다는 결론을 정해놓고 말을 해야 하니, 천하의 한비라도 논리가 궁색할 수밖에 없었을 것이다. 무엇보다 한비는 말더듬이였다. 설혹 한비가 말더듬이가 아니었다 한들 진왕이 그에게 가진 거대한 환상을 넘어서는 퍼포먼스를 보여주긴 어려웠을 것이다. 어쩌면 이사는 한비의 원래 모습을 알고 있었기에 그 자리를 주선했는지도 모른다.

실망한 진왕은 한비를 그냥 돌려보내려고 한다. 이사로서는 목적을 달성한 셈이다. 하지만 그는 한발 더 나아간다. 그는 이렇게 진언한다. "한비는 한나라의 신하고, 그의 재능은 추후 문제가 될 수 있습니다. 그를 가질 생각이 없으시다면 돌려 보내서는 안 됩니다." 진왕이 생각해도 이사의 의견은 그럴듯했다. 내 마음에 들진 않았지만 어쨌든 뛰어난 인물이다. 그런 인재가 상대국에 있어서야 되겠는가? 진왕은 한비를 감옥에 가둔다.

이사는 이 기회를 놓치지 않는다. 그는 감옥에 갇힌 한비를 바로 독살해버린다. 한비를 쳐낸 것을 뒤늦게 후회한 진왕은 그를 다시 불러들이라고 명했지만, 이미 한비는 목숨을 잃은 뒤였다. 진왕은 이사가 한비를 독살했다는 것을 알고 분노했지만, 이사를 쳐낼 수도 없었다. 그에게는 이제 대안이 없기 때문이다.

이사는 진왕이 중국을 통일하고 시황제의 자리에 오르는 동안 항상 그의 옆에서 큰 권력을 누렸다. 통일은 시황제가 했지만 그 시스템은 이사가 구축했다. 이사는 시황제 사후 권력 분

잘 알려진 '분서갱유' 역시 이사와 진시황의 합작. 진시황과 이사의 모습이 보인다.

쟁에 휩싸이면서 말년에 사형을 당하긴 했지만, 어쨌든 한평생 뜻을 충분히 펼치며 성공한 인생을 살았다.

무자비한 승자

이사의 성공 비결 첫 번째는 '뱀의 머리가 되는 것'이었다. 그는 객관적으로 판단해 지금은 약소국이지만 발전 가능성이 큰 국가, 그중에서도 자신을 귀하게 써줄 국가를 선택했다. 후대인들이 법가로 구분하긴 하지만 한비든 이사든 어쨌든 유학을 배운 유학자들이다. 한비가 고향 한나라를 선택한 이유도 결국 유교적 가치관 때문이었을 것이다. 반면 이사는 이 가치관에서 벗어났다. 어쩔 수 없는 선택이었는지 전략적 판단이었는지는 모르겠지만, 그렇게 했다. 그는 철저하게 자신의 유불리만을 보고 국가를 선택했다. 한비에 비해 자유로웠다고 할 수 있다. 당신이 사회가 인정하는 어떤 가치를 지키려 한다면, 그것은 어느 지점에서는 분명 마이너스가 된다. 가치를 버리라는 뜻은 아니다. 무언가를 얻으면 잃는 게 있다는 사실을 잊지 말라는 것이다.

성공 비결 두 번째는 한비를 체포하고 죽여버리는 결단력이다. 한비는 어쨌든 자신의 동문이 아닌가? 그리고 외교사절을 가두고 죽이는 건 그때나 지금이나 금기시되는 행동이다. 이 때문에 이사는 아직까지도 욕을 먹고 있다. 하지만 후세에 욕을 먹는 게 뭐가 중요한가. 그는 망설이지 않았다. 그가 두려웠던 건 한비가 있는 한나라가 아니었다. 어차피 한왕은 한비의 조언을 받아들일 정도의 그릇이 안 됐고, 설혹 그렇다 해도 한 번 맞붙어 보는 것도 즐거운 일이었을 것이다. 그가 두려워한 건 한비가 진나라로 노선을 갈아타 자신과 함께 포지션 경쟁을 벌이는 것이었다. 그러면 자신은 뜻을 제대로 펼쳐보지도 못하고 밀려날 수 있다. 그는 거리낌 없이 악명을 선택했다.

물론 꼭 필요한 일은 아니었다. 정세는 이미 진나라로 기울었고, 한비는 진나라로 전향할 타입이 아니었다. 무엇보다 진왕도 한비를 마음에 들어하지 않았다. 그러니 친구에게 그리 가혹할 이유는 없었다. 이사의 처사는 잔인하고 과도했다. 하지만 '혹시 모르니까'. 혹시나 하는 마음에 후환을 제거한 거지.

승자는 종종 관대함이라는 오류에 빠지기 쉽다. 승자가 폭넓게 용서하고 인정하는 것은 매우 올바른 행동이다. 나 역시 패자에게 관대한 처분을 내리는 이야말로 승자가 될 자격이 있다고 믿는다. 하지만 자격이 승자를 만들지는 않는다. 어떤 면에서는 승자가 된 순간이야말로 상대방을 완전히 제거할 수 있는 유일한 기회다. 왕따 전략에서도 강조했지만, 중요한 건 성공 후 일관성을 유지하는 것이다. 이 경우도 마찬가지다. 승리에 취해 자신이 대단한 사람이라도 된 양 착각해 숙청의 기회를 잃는다면, 위험요소를 남기게 되는 셈이다.

물론 그 위험요소는 대부분 발현되지 않고 넘어간다. 하지만 1%라도 가능성이 있다면, 내 마음에 조금이라도 불안이 남는다면, 제거하는 것이 나을 수 있다. 만인에게 칭송받는 승자는 못

되겠지만, 훗날 그 사람에게 패하는 일도 없을 테니까. 물론 상대방 입에서야 이 말이 튀어나올 것이다.

"저한테 왜 이러세요? 제가 뭘 잘못했다고 저한테 이렇게까지 하세요?"

잘못한 건 없다. 그냥 그렇게 해야 할 뿐이다.

보통 이름 뒤에 '-자'를 붙일 때는 성을 떼서 붙인다. 예를 들어 공구는 공자, 맹자의는 맹자 이런 식이다. 그러니 한비는 한비자가 아니라 한자가 되었어야 한다. 하지만 후대의 당나라 유가 사상가 한유가 '한자'라는 이름을 차지하면서, 한비는 한비자가 되었다. 더 큰 명성을 쌓았음에도 이사에게 밀린 그의 인생처럼, 이름조차 다른 이에게 밀린 셈이다.

이사의 결단은 전혀 인간적이지 않다. 하지만 안타깝게도 비슷한 사례가 역사 내내 그리고 지금까지도 끊임없이 반복된다. 2009년 벌어진 용산참사를 생각해보자.

용산참사는 용산 4구역 재개발 과정에서 벌어졌다. 정부가 재개발을 추진했고, 일부 주민들이 거세게 반대했다. 2009년 1월, 최후까지 재개발에 반대한 상가 26세대가 철거가 예정된 건물에서 농성 투쟁을 벌이고 있었다. 정부는 공권력을 투입해 이를 진압하려 했다. 이 과정에서 화재가 발생하면서 경찰 1명을 포함해 6명이 사망하고, 23명이 부상을 입는 참사가 일어났다. 정치적 성향에 따라 이 사건을 철거민들의 문제로 볼 수도 있고, 강경 진압한 공권력의 문제로 볼 수도 있다.

영화 〈공동정범〉 스틸컷.

우리는 이 대목에서 누구의 잘못인가 따지기에 앞서 이 사건에 대처한 권력의 태도를 살펴볼 필요가 있다. 정부는 저항한 철거민들을 사망에 대한 공동정범*으로 법정에 세워 실형을 살게 했다. 경찰 쪽 피해도 있었지만, 희생자 대부분은 철거민과 그 가족들이었다. 철거민들은 삶의 터전을 잃었고, 재개발도 막지 못했고, 가족과 동료를 잃었고, 가족과 동료를 죽였다는 죄책감에 시달렸는데, 정부는 그들에게 죄를 물어 감옥까지 보냈다.

왜? 정부는 왜 그렇게까지 희생자들을 괴롭혔는가? 철거민들이 정당했다거나 옳다고 말하는 게 아니다. 정부 입장에서는 어쨌든 자신들이 원하는 대로 해당 지역을 철거했다. 그런데 굳이 그 사람들을 처벌해야 했느냐라고 상식선에서 묻는다면, 아직 멀었다. 이건 결코 단순한 분풀이가 아니다. 이유는 명확하다. 아

* 범죄 구성 요건에 해당하는 행위를 공동으로 실행한 사람 또는 그 행위.

니, 이유가 있어서 그러는 게 아니다. 그럴 이유가 전혀 없지만, 그렇게 함으로써 사건을 마무리하는 것이다. 이 정도로 강력하게 나가면 철거민들은 더는 저항하지 못한다. 이의를 제기할 의욕조차 상실한다. 어쨌든 주요 인물들은 감옥에 들어갈 테니까. 국가는 그렇게 해선 안 되지만, 현실의 국가는 그런 짓을 한다.

이런 일은 쉽게 찾아볼 수 있다. 선거에서 이겼는데 굳이 라이벌을 살해하기도 하고, 승소 후 굳이 명예훼손 혹은 무고 소송을 추가로 걸기도 한다. 성범죄에서 종종 볼 수 있는 케이스인데, 너무 억울해서 그런 경우도 있겠지만, 보통은 상대방의 입을 완전히 닫으려는 목적이 더 크다. 파업을 과격 진압했는데 굳이 노동자에게 손배소를 때려 한 인간의 삶을 완전히 파멸시키는 것도 마찬가지다. 기업이 돈푼 뜯어내자고 그런 짓을 하는 게 아니다. 돈은 못 받아도 그만이지만, 후환은 제거해야 한다.

그러니까 피해자나 제삼자가 보기에는 '그렇게까지?'라고 한탄할 수밖에 없다. 그나마 이게 정당한 승부였을 때는 모르겠다. 그런데 원래 나쁜 짓을 한 주체이면서 상대방의 입까지 틀어막으려고 할 때는 정말 악마처럼 보인다. 하지만 완벽한 승리를 바란다면 괜한 동정은 금물이다.

아무리 생각해봐도 모르겠다. 후환이 남더라도 인심 좋은 사람으로 사는 게 더 좋지 않을까? 왜 그렇게까지 하는 걸까. 그렇게까지 해서 자리를 지키려는 이유가 무엇인가? 그걸 이해하지 못하니 지금 이렇게 사는 거겠지. 잔혹한 승자들이여. 평생 그렇게 잘- 먹고 잘- 사시길.

6

세상에서 가장 쿨한 물

"신은 인간에게 먹을 것을 보냈고, 악마는 요리사를 보냈다."

_톨스토이Лев Толстой

미국 프로미식축구NFL 챔피언 결정전, '슈퍼볼Super bowl'은 세계에서 가장 비싼 광고비로 유명하다. 가장 비싸다는 건 그 자체로 상징성을 가지고 있어 평소 미식축구를 보지 않는 나 같은 사람도 슈퍼볼 광고는 찾아본다. 슈퍼볼 광고는 일종의 경연장으로 작동해 기업들은 가장 창의적이고 효과적인 광고를 선보이기 위해 노력한다. 2022년 슈퍼볼 광고 중 가장 놀라웠던 건 '리퀴드 데스Liquid Death'의 광고였다.

광고에는 광적으로 파티를 하는 아이들이 등장한다. 그들의 손에는 맥주캔처럼 보이는 무언가가 쥐어져 있다. 아이들은 음료에 마약이라도 탄 듯 열광적이다. 마지막에는 임산부도 그 문

제의 음료를 마신다. 이쯤 되면 걱정이 앞선다. 대체 이건 무슨
광고이고 저들은 무엇을 마시고 있는가?

음료는 맞겠지. 열광하는 걸 보니 맥주일까? 아니면 고카페
인 에너지음료? 설마 그런 광고에 아이와 임산부를 쓴다고? 아
무리 미국이라지만 그랬다가는 바로 방송정지다. 그럼 대체 뭘

까? 대체 저들은 무엇을 마시면서 이토록 열광하는 걸까? 놀랍게도 리퀴드 데스는 생수 브랜드다. 그렇다. 그들은 물을 판다. 광고 마지막에는 이런 문구가 나온다.

"두려워하지 마라. 그냥 물이다."

하지만 캔의 디자인이나 로고는 아무리 봐도 물 같지가 않다. 그리고 어떤 미친 X가 생수 이름에 '데스'를 붙이고 로고에는 '해골'을 그려넣냐고.

오직 이미지로만 물건 팔기

환경 오염에 대한 인식이 증가함에 따라 생수 판매량은 하루가 다르게 늘어나고 있다. 하지만 생수 시장은 아무리 규모가 커져도 스타트업이 뛰어들기 적당한 곳이 아니다. 아니다. 이 말은 틀렸다. 생수를 파는 스타트업은 아예 없다. 생각해보라. 우리가 생수를 살 때 어떤 제품을 고르는가? 한 4분의 1은 원래 마시던 걸 계속 사서 마신다. 특유의 맛에 적응돼 그 브랜드를 계속 찾거나 혹은 에비앙이나 피지처럼 고급 브랜드를 찾는 경우도 있다. 한국에서는 삼다수가 비슷한 이미지를 가지고 있다. 하지만 기업이 아무리 날고 기어도 생수 맛의 차이가 크다고 하긴 어렵다. 탄산수 혹은 레몬워터 등의 변주가 있지만, 어차피 브랜드별로 내놓는 제품은 결국 다 '물'이다. 그래서 나처럼 별생각 없는 소비자들은 어떻게 하느냐? 그때그때 매장에서 제일

싼 걸 사 마신다.

한마디로 생수 시장에서는 가격경쟁력이 가장 중요하다. 브랜드나 디자인은 크게 중요하지 않다. 모두 동일한 페트에 담겨 있고 그나마 디자인적 요소라 할 만한 허리띠 비닐조차 이제는 환경보호를 위해 쓰지 않는 추세다. 남는 것은 가격뿐이다. 가격경쟁력은 규모의 게임이다. 박리다매를 해야 수익이 남는다. 그러니 전국적인 판매망을 갖춘 브랜드에서만 새로운 제품을 내놓을 수 있다. 그런데 리퀴드 데스는 이 공식을 완전히 벗어나서 생수로 성공한 스타트업이다.

리퀴드 데스의 창업자 마이크 세사리오Mike Cessario는 헤비메탈과 하드코어 펑크 음악의 열렬한 팬이다. 그는 어릴 때부터 공연장을 찾아다녔고 직접 밴드에서 활동하기도 했지만 가수가 되진 않았다. 2008년 여느 때처럼 록페스티벌에 참여한 그는 아주 재밌는 장면을 목격한다. 공연을 준비하는 가수 중 몇이 에너지음료 캔 안에 물을 채워 넣는 것이 아닌가.

헤비메탈이나 하드코어 펑크하면 사납고 거친 이미지가 떠오른다. 그 장르의 가수든 팬이든, 헤비스모커나 알코올중독자, 약물중독자, 최소 반사회적 성향일 것만 같은 느낌적인 느낌이 있고, 실제로 그런 이들도 종종 있다. 그러다 보니 공연을 하는 가수들조차 맥주나 에너지음료를 마시는 게 하나의 문화로 자리 잡았다. 물론 목 관리를 위해서는 물을 마시는 게 제일 좋을 것이다. 하지만 생수를 마시는 건 쿨하지 않지. 공연의 후원업체

스트레이트 에지 밴드의 공연 모습. 손등의 X는 스트레이트 에지의 기호.

중에도 주류나 에너지음료 회사가 꼭 하나씩은 있다. 당연히 가수들도 광고주님의 제품을 마셔야지. 이런 상황이니 일부 가수들은 광고주의 캔 속에 물을 숨기는 것이다.

　가수뿐 아니다. 거친 음악을 좋아한다고 꼭 삶까지 거친 건아니다. 그런 걸 싫어하는 관객들은 얼마든지 있다. 하드코어 펑크 팬층 중에 거친 삶을 거부하는 이들을 '스트레이트 에지'라고 한다. 이들은 음악 취향과는 반대로(물론 반대라고 말하는 것조차 편견이긴 하지만) 술, 담배, 약물을 멀리하고 건강한 식습관과 운동을 사랑한다. 그리고 스트레이트 에지까진 아니더라도 청소년 관객도 있다. 청소년은 그 거친 공연장에서 무엇을 마실 것인가?

　마이크 세사리오 역시 스트레이트 에지였고, 자신과 같이 소외된 이들을 보면서 어떤 가능성을 발견했다. 창업 후 진행한 인터뷰에서 "테일러 스위프트* 공연장보다 헤비메탈 공연장에 채식주의자가 더 많을 수 있다. 헤비메탈이 건강하지 않다는 건 편견"이라며 드러나지 않은 수요가 존재함을 확신했다. 2018년 리퀴드 데스의 첫 제품, 디자인은 에너지음료나 맥주 같지만 순수한 물이 든 알루미늄 캔이 등장한다.

그리고 이 악마의 물은 정말 빠른 속도로 성공했다. 리퀴드 데스는 2022년 미국 최대 마켓인 아마존에서 가장 많이 팔린 생수로 기록됐다. 소매점까지 퍼지진 못해 전체 판매량은 밀렸지만, 그래도 핵심 팬층을 충분히 확보했다고 볼 수 있다. 그리고 이런 명성으로 이제 소매점까지 속속 입점하고 있다. 2019년 300만 달러(37억 원)에 불과했던 매출은, 2021년에 4,500만 달러(600억 원)까지 뛰어올랐으며, 기업가치는 거의 1조 원에 육박한다. 물을 팔아서 1조라니. 리퀴드 데스의 슈퍼볼 광고가 놀라운 이유는 그 내용 때문만은 아니다. 놀라운 광고야 얼마든지 있지. 진정 놀라운 건 생수 회사가 슈퍼볼에 광고를 했다는 사실 그 자체다.

물인가, 문화인가

앞서 말했듯이 생수 시장은 신규사업자가 끼어들기 어려운

---

* 미국의 싱어송라이터. 컨트리팝 같은 상대적으로 착한(?) 음악을 한다.

(좌) 리퀴드 데스에서 선보인 해양 오염 피해 인형.
(우) 아기에게 악마의 이름을 붙여주자는 리퀴드 데스의 캠페인 광고.

구조다. 리퀴드 데스를 단순히 튀는 콘셉트로 성공한 브랜드로
만 본다면 본질을 놓치는 것이다. 리퀴드 데스는 분명 포장만
바뀐 물이다. 하지만 그들은 기존 생수 시장 안에서 경쟁하지
않는다. 즉, 삼다수의 고객만 노리지 않는다. 리퀴드 데스는 새
로운 시장을 개척했다. 그들은 에너지음료, 스포츠음료, 그리고
술과 경쟁한다. 동시에 그들과도 명확히 다르다. 즉, 리퀴드 데
스는 유일무이한 브랜드로 자신들을 포지셔닝하는 것에 성공했
다. 리퀴드 데스는 문화를 판다. 그들은 거친 이미지 속에서 자
신들이 가진 부드러움을 강조한다.

　리퀴드 데스는 환경보호를 강조하며 페트병을 사용하는 기존
생수 업체들을 저격한다. 현재 페트병의 재활용률은 30%가 채
안 된다. 반면 알루미늄 캔의 재활용률은 70%가 넘는다. 그래
서 리퀴드 데스의 제품은 모두 캔에 담겨 있다. 또한 진심을
증명하기 위해 수익의 10%를 환경단체에 기부한다. 자본주의
세계에서 돈만 한 진심이 없다.

앨범으로 만들어서 판매까지. 바이닐 3종 세트가 94,900원이다. 이래도 악플 쓴다고?

리퀴드 데스를 마시는 악마들.

또한 '알프스에서 온 청정수'를 사용한다는 것도 강조한다. 뭐 사실 로키산맥에서 오든 알프스에서 오든 어차피 정수한 물이 얼마나 차이가 나겠냐마는 이미지라는 건 무시할 수 없다. 참고로 에비앙도 알프스 청정수를 사용한다. 당연히 가격도 일반 생수보다는 비싸다. 그들이 만든 광고 속 세상에서는 플라스틱 쓰레기로 지옥이 된 미래를 배경으로 악마들이 환경을 복원하기 위해 리퀴드 데스를 마시고 있다.

악마 마케팅은 기독교, 특히 개신교의 입김이 센 미국에서는 상당히 부담스러운 행위이다. 당연히 수많은 악플에 시달리고 있다. 하지만 리퀴드 데스를 욕하는 사람들은 어차피 리퀴드 데스의 고객이 아니다. 욕먹어도 상관없고 버려도 그만이다. 리퀴드 데스는 아무리 유명해져도 모든 이가 마시는 물이 되진 않을 것이다. 그들 스스로 이 사실을 알고 있기에 악플조차 즐길 수 있었다. 그들은 악플을 모아서 앨범을 냈고, 충성스러운 소비자들은 즐거워했다. 팬들에게 리퀴드 데스스러운 쿨함을 과시한 것이다.

그들은 두 집단을 동시에 공략하는데 하나는 앞에서 말한 스트레이트 에지고, 또 하나는 요가와 필라테스 등으로 건강을 챙기는 사람들이다. 이들 중 일부는 헤비메탈을 즐기진 않더라도 건전하기만 한 삶에는 싫증을 느끼고 있다. 일탈까진 아니어도 적절한 소품을 이용해 자신의 정체성을 드러내는 것은 환영한다. 리퀴드 데스는 매니아층을 확보하려고 노력했고 이는 적중했다. 한 번 그 생태계에 들어선 이들은 아무리 가격이 비싸더라도 '애플Apple'을 사용하듯이 리퀴드 데스의 팬들은 리퀴드 데스가 만든 세상을 즐긴다. 리퀴드 데스가 판매하는 제품은 탄산수, 아이스티를 포함해 10가지뿐이지만, 그들이 출시한 굿즈는 100여 종이 넘는다. 타깃을 명확히 하고 그들에게 확실한 수익을 올리는 것이다.

리퀴드 데스의 흥행이 어디까지 이어질지는 아직 미지수다. 리퀴드 데스의 알맹이는 결국 생수다. 아무리 기발해도 생수가 애플 제품처럼 이미지를 넘어서는 차별성을 만들어내긴 어렵다. 매출확대에도 한계가 올 것이다. 일반적으로는 포장이 아무리 그럴싸해도 제품에 뚜렷한 차별성이 없으면 처음에만 반짝했다가 곧 사라진다. 리퀴드 데스도 그렇게 될 가능성이 얼마든지 있다. 비난하는 이들의 말처럼 "리퀴드 데스가 무슨 짓을 해도 생수"다.

어쩌면 생수 시장은 다를 수도 있다. 왜냐하면 다른 생수 브랜드도 특별할 건 없으니까. 어쨌든 리퀴드 데스는 캔에 담은 생수라는 새로운 시장을 개척했고, 팬층을 확보했다. 앞으로 비슷한 콘셉트의 제품이 나온다 해도 결국 그 제품도 알맹이는 물이다. 리퀴드 데스는 선발주자로 선점 효과를 누릴 수 있을 것이고, 어느 정도의 규모를 유지할 수 있을 것이다. 그리고 설혹 지금의 붐이 물거품처럼 사라진다 해도 정적인 생수 시장에 이 정도 파장을 일으킨 것은 물 판매 비즈니스의 전설로 남을, 미국판 봉이 김선달이라고 해도 과장이 아닐 것이다. 그나저나 리퀴드 데스 한국에는 언제쯤 나오려나? 특별히 마시고 싶은 건 아니지만 모임 이벤트용으로 쓸 만할 것 같은데 말이지.

7

풍랑이 쳐도 조용히 앉아 고기를 잡는다

"진정 똑똑한 사람은 다른 사람에게
자신이 똑똑하다는 것을 내보이지 않는 법이라네."

_〈신삼국〉 45화 중에서

삼국지, 중국 후한말의 혼란한 시기부터 위촉오 세 나라가 맞붙어 싸운 시대를 다룬 이야기다. 우리가 흔히 만화, 영화, 드라마로 접하는 이야기는 허구가 섞인 《삼국지연의》에 기반하고 있다. 그렇다면, 삼국을 통일한 나라는? 조조의 위魏나라? 정답은 진晉나라다. 의아하지 않은가? 아니, 위촉오가 싸웠는데 진나라는 갑자기 어디서 나타난 거야?

진나라는 사마염이 세운 나라다. 사마염은 위나라의 신하 사마의司馬懿(사마중달)의 손자다. 사마의 하면 대부분 제갈량을 떠올린다. 제갈량과 맞서 싸운 위나라의 책사이자 '죽은 공명이 산 중달을 이긴다'는 일화 속 그 중달. 그래서인지 실력은 제법이었지만 제갈량에 비하면 부족한 인물 정도로 알고 있는 경우가 많다. 그런데 손자가 삼국을 통일했다고? 손자는 할아버지와 달리 특출한 사람이었던 게 아닐까?

하지만 사마의는 결코 부족한 사람이 아니었다. 그는 살아생전 이미 위나라의 군권과 인사권을 모두 장악하고 있었다. 단지 조조가 헌제를 옹립하고도 일평생 신하의 예를 갖춘 것처럼 조씨 가문의 신하임을 자처했을 뿐이다. 사마의의 아들은 왕이 되었고, 손자는 당시 황제였던 조환(조조의 손자)에게서 제위를 선양받았다(고 쓰고 탈취했다고 읽는다). 조비(조조의 아들)가 한나라의 헌제에게 제위를 선양받았던 것과 같은 방식이다.

삼국지 최고의 인물로 꼽히는 제갈량이지만, 그 명성의 상당 부분은 사마의가 만들어 준 것이었다. 16세기 영국이 스페인 함대를 꺾고 '무적함대'라는 별명을 붙여 준 것과 비슷하다.[*] 그만큼 강한 상대를 싸워 이긴 '나'를 강조하는 것이다. 사마의는 제갈량을 세상에서 가장 탁월한 사람으로 묘사했는데, 결국 그 대단한 인물의 침략을 막고 위나라를 지킨 것은 본인이다. 이번 장의 주인공은 사마의다. 상대방을 치켜세우고 자신은 침묵했지만, 끝내 모든 것을 거머쥔 사람.

---

* 무적함대는 16세기 스페인 함대의 별칭으로, 공식 명칭은 '위대하며 가장 축복받은 함대Grande y Felicísima Armada'다. 자부심에 스스로 붙인 이름이지만, 막상 이 이름은 스페인 함대가 영국 해군에게 격파당한 다음 오히려 세계에 널리 퍼지게 되었다. 그 위대한 무적함대를 이긴 자신들의 위대함을 드높이기 위해서.

게임 〈삼국지 14〉의 제갈량과 사마의 일러스트. 누가 주인공이고 누가 악역처럼 보이는가? 그런데… 인생에서 그게 뭐 중요한가.

돋보이는 자가 먼저 사라진다

우리가 삼국지를 촉나라(유비, 관우, 장비) 중심으로 봐서 그렇지, 실제 주인공은 위나라다. 원소를 이긴 뒤에는 통일 가능성도 가장 컸고, 당연히 인재도 가장 많았다. 특히 조조가 인재 욕심이 많다는 것은 천하가 알고 있었기에 내로라하는 인재들이 위나라로 모여들었다. 치열한 경쟁 속에서 신하들은 각자 재능을 뽐내기 위해 갖은 애를 썼다. 지금의 미국 같은 분위기를 생각하면 된다. 세계경제의 중심지다 보니 각지에서 실력자들이 몰려든다. 그래서인지 미국에서는 스스로를 어필하는 것에 유독 긍정적이다. 마찬가지로 실리콘밸리의 창업자들 가운데 유별난 사람이 많은 것도 이해가 된다. 그들은 온갖 기행으로 자신을 어필한다(의도하지 않은 듯 보이는 것이 포인트다). 그리고 꼭 미국이 아니더라도 자본주의 체제에 사는 사람들은 자신의 멋을 발산하고자 하고, 기어이 뽐내고 만다.

하지만 모두가 이런 뽐냄이 가능하지는 않다. MBTI로 따지자면 모두 E는 아니니까. 사마의 역시 극I형 인간이었다. 조조는 시를 사랑했기 때문에 위나라의 많은 명사들이 시를 써서 자신의 능력을 과시하려고 했다. 하지만 사마의는 시도 별로 남기지 않았다. 딱 한 편 남아 있긴 한데, 그마저도 다큐멘터리에 가까운 현상보고용이라 유려함과는 거리가 멀었다. 그래서 솜씨를 평가하긴 어렵지만, 뛰어났다면 작품을 많이 남겼겠지. 그럼 이 극I형 인간 사마의는 어떻게 성공할 수 있었을까?

그가 택한 전략은 자신을 드러내지 않는 것이었다. 사마의는 맡은 바 임무에 충실했다. 충언을 아끼지는 않았지만 의뭉스러울 정도로 자신의 욕망을 드러내지 않았다. 조조와 조비는 모두 그의 저의를 의심했지만, 끝내는 의심을 거두고 그에게 중책을 맡겼다. 그사이 사마의의 경쟁자라 할 만한 이들은 빛나는 업적을 세우고도 대부분 사라졌다. 왜냐하면 그들은 모두 성공에 취해 조급하게 나댔기 때문이다.

평소에는 겸손할 수 있다. 겸손과 인내가 중요하다는 걸 모르는 이가 어디 있겠는가. 하지만 어느 정도 높은 자리에 오르고 나면, 특히 은연중에 나보다 부족하다고 생각한 사람이 나를 무시한다고 느끼면 그 굴욕감을 참지 못하고 결국 자신을 드러내기 십상이다. 자신을 드러낸 이는 얼마 지나지 않아 더 강한 자에 의해 제거당한다. 이것이 난세의 역사다. 더 강한 자는 대부분 자신이 모시던 군주인 경우가 많다. 군주는 인재를 원하지만, 그 인재가 자신보다 앞서 나가는 것은 참지 못한다. 특히 난세에는 직접적인 위협으로 받아들일 수 있다. 대중이나 경쟁자들은 평소 그의 성공과 과시가 마음에 들지 않았기에 군주의 처벌에 환호를 보낸다. 많은 독재자가 정권 초기에 부패척결을 외치는 이유도 이 때문이다. 실제 부패도 척결하면서 반대파들도 숙청하는 거지.

사마의는 이런 권력의 속성을 잘 알고 있었다. 그래서 최대한 자신을 드러내지 않았고 과시하지도 않았다. 그렇게 살아남았다. 살아남았기에 그는 유일한 대안이 될 수 있었다. 누군가는 사라진 자의 일을 해야 했으니까. 조비 때에 이르면 사마의는 왕이 원정을 나가 자리를 비웠을 때, 수도를 대리해서 책임지는 정도의 위치에 오른다. 신하 중에 일인자라는 의미다.

이후로는 수월하다. 지금껏 해온 대로 겸손한 자세를 유지하는 것이다. 그런데 이게 말처럼 쉽지만은 않다. 권력을 차지하면 티를 내고 싶으니까. 특히 왕이 죽고 새로운 왕이 등장했을 때 이걸 참기가 어렵다. 자신은 이미 많은 공을 세운 공신이고, 상대는 이제 겨우 권력을 잡은 풋내기다. 당연히 간섭하고 싶어진다. 선왕이 사마의에게 중책을 맡기고 서거하기 때문에 간섭이 특별히 월권도 아니다. 그런데도 사마의는 철저하게 자신의 본분을 지킨다. 언제나 머리를 조아리고, 할 수 있는 조언을 하며, 왕이 사마의를 견제하기 위해 세운 사람에게도 늘 양보하는 자세를 취한다.

최후의 일격

물론 양보만으로는 최고의 자리에 오를 수 없다. 평안하게 살 겠다면 끝까지 이 스탠스를 지켜도 무방하지만, 최고가 되기 위해서는 마지막에는 한 방이 필요하다. 자신이 모든 것을 석권할 수 있다고 확신할 때 한 판에 엎어버리는 것이다.

조방(조조의 3대손)이 황제로 즉위했을 때 사마의는 예순이 넘은 나이었다. 당시 기준에서는 이미 천수를 누린 나이라 할 수 있다. 조조-조비-조예를 차례로 섬긴 최고참이었기에 조정에는 그를 따르는 신하들도 많았다. 조예 역시 죽기 전 사마의를 고명대신*으로 임명해 어린 조방을 섬기게 했다. 하지만 사마의에게 권력이 집중될 것을 막기 위해 먼 친척뻘인 조상曹爽을 대장군에 임명해 사마의와 함께 정사를 돌보게 했다.

갑자기 높은 관직에 오른 조상은 국가의 어른인 사마의와 모든 일을 의논해 정사를 진행했다. 하지만 점점 자신의 권력에 취하기 시작했다. 그는 새로운 인물을 대거 등용했는데 이들은 사마의와 조상의 경쟁구도를 부추겼다. 결국 조상은 사마의를 쫓아내고 권력을 독점하기로 마음먹는다. 먼저 황제에게 권해 사마의의 관직을 태부로 승진시킨다. 명목상 승진이었지만, 태부는 명예직으로 실질적으로 할 수 있는 일은 없는 자리였다. 추대 형태였기에 사마의도 거부하기 어려웠다. 이는 언더독이

---

*   임금의 유언으로 나라의 뒷일을 부탁받은 대신.

었던 조상이 영리하게 사마의를 보내버린 사건처럼 보였다.

사마의와 가까운 신하들은 하나둘 한직으로 밀려났고, 조정의 중요한 자리는 조상 일파가 차지했다. 사마의가 조상에 여러 차례 간언했으나 폭정은 끝나지 않았다. 마침내 사마의가 숙청당할 차례가 온다. 일생일대의 위기다. 이때 사마의가 병이 났다며 앞으로는 정사에 관여하지 않겠다고 선언한다. 마치 이제까지 대세를 따랐던 것처럼 대세를 수용한 것처럼 보였다.

조상의 부하들은 사마의를 믿을 수 없다며 그를 제거해야 한다고 간언했다. 이에 조상은 형주자사로 부임하는 이승李勝을 불러 부임 인사를 겸해 자연스럽게 사마의의 동태를 살피고 오라고 명한다. 이승이 인사를 가 본즉 사마의는 몸도 제대로 가누지 못했고, 음식을 옷에 질질 흘리며 먹었다. 또한 형주를 병주로 착각하는 등 오락가락하는 모습까지 보였다. 이에 이승은 눈물을 흘리며 탄식했다고 한다. 보고를 들은 조상은 사마의에 대한 걱정을 완전히 놓아버린다. 그래, 이제 늙을 때도 됐지.

1년 후, 황제의 고평릉* 행차에 조상과 그의 형제들이 모두 따라나선다. 권력도 장악했고 사마의도 제정신이 아니었기에 그들은 수도를 비우면서도 별다른 방비를 하지 않았다. 하지만 사마의는 조상 일파가 사라지자마자 숨겨뒀던 사병을 이용해 수도를 점거하고 태후를 찾아가 조상 형제를 파면할 것을 강압한다. 그는 마치 영화 〈유주얼 서스펙트〉의 주인공처럼 언제 그

---

*   선제 조예의 능.

랬냐는 듯 또렷한 정신으로 신체를 자유롭게 다뤘다. 이제까지 연극을 하고 있었던 셈이다. 사마의의 쿠데타는 성공한다. 이를 '고평릉 사변'이라 한다.

예상하지 못한 일격을 당한 조상 일파는 제대로 대응하지 못하고 권력에서 완전히 밀려난다. 사마의는 자신의 라이벌들에게 후한 처사를 내리는 편이었다. 목숨을 잃더라도 예를 갖춰 장례를 치러주었고, 가족들을 보살폈다. 하지만 이번에는 달랐다. 사마의는 조상과 그 일당에게 반역죄를 씌워 갓난아기를 포함해 삼족을 멸한다. 기회가 왔을 때 한 번에 해치웠다.

이제 사마의에 대항할 수 있는 자는 조정에 아무도 남지 않았다. 그의 권력 찬탈이 꼴 보기 싫었던 몇몇 지방 관리들이 반란을 일으켰지만 상대가 되지 않았다. 그의 아들들과 측근들은 모두 높은 관직에 올랐다. 이때부터 진나라가 세워진 것이다. 위나라라는 명패 아래서.

도광양회韜光養晦[*], 호랑이의 정체는 마지막에 드러난다

현대의 독재자 중 사마의와 비슷한 방식으로 권력을 가진 이들이 많다. 시황제라 불리는 현 중국의 국가 주석 시진핑习近平도

---

[*]   빛을 감추고 어둠 속에서 실력을 기른다. 1990년대 중국의 외교방침이다. 《삼국지연의》에서 조조의 식객으로 있을 당시 일부러 힘을 숨긴 유비의 전략으로 알려졌다.

그런 부류 중 한 명이다.

덩샤오핑邓小平 이후 중국 정치는 집단지도체제를 통해 태자당, 공청단, 상하이방 세 개의 정파가 권력을 분점하면서 한쪽이 모든 권력을 쥐는 것을 방지해왔다. 이렇게 되면 독재는 없지만 파벌 간의 다툼은 치열해질 수 밖에 없다.

중국은 5년 주기로 전국인민대표대회를 열어 370여 명의 중앙위원회 위원을 선출하고, 이 중앙위원회가 '정치국 상무위원회'라 부르는 최고지도부를 선출한다. 7명의 상무위원으로 구성된 최고지도부는 국가의 중요사안을 결정하며, 그중 한 명이 총서기가 된다. 총서기는 통상적으로 '국가주석'이라는 상징적인 자리와 군을 통솔하는 '중앙군위주석' 자리를 겸직해 사실상 최고권력자가 된다. 3개의 정파 중 어디서 총서기가 나오는지, 최고지도부 7자리를 어떻게 나눠갖는지에 따라 권력의 분배를 짐작할 수 있다.

태자당에 속하는 시진핑은 총서기가 되기 전까지는 눈에 띄지 않는 인물이었고, 실제로도 조용한 성격이라고 한다. 태자당은 이름처럼 공산당 혁명 원로의 자제와 친인척으로 구성된 금수저 집단이었다. 시진핑 역시 좋은 집안 출신이었으나, 출신과 다르게 겸손한 태도, 어찌 보면 바보 같은 태도로 일관해 그의 상관들은 정파와 무관하게 그를 좋게 평가했다. 덕분에 중앙위원회 위원까지는 수월하게 된 편이었지만, 아무도 최고의 자리에 오를 인물로 보진 않았다.

하지만 당시의 권력지형이 시진핑에게 의외의 기회가 되었다. 시진핑이 권력을 잡기 직전, 공청단과 상하이방의 권력 다툼이 최고조로 치달았다. 총서기는 공청단 소속의 후진타오였지만 상하이방이 정재계 여러 방면에서 실질적인 힘을 발휘해 서로를 견제했다. 다음 권력을 누가 차지할 것인가, 결국 모든 것은 이 질문으로 귀결된다. 후진타오는 같은 계파인 리커창을 차기 총서기로 밀었지만, 상하이방은 절대 받아들일 수 없었다. 자기파 사람이 되면 최고지만, 더 중요한 건 상대파가 되지 않게 하는 것이다.

공청단과 상하이방이 서로 으르렁댄다면? 태자당밖에 없다. 당시 태자당은 핵심이었던 보시라이가 각종 구설수와 부패 혐의에 휩싸이면서 어수선한 분위기였다. 그때 상하이방이 택한 인물이 시진핑이었다. 시진핑은 태자당 소속이지만 계파성이 약하고, 자기주장이 강해 보이지도 않아 허수아비로 세우기 딱 좋은 인물처럼 보였다. 공청단의 리더였던 후진타오 역시 "저 사람은 권력욕이 없다"며 시진핑에게 자리를 넘기는 데 합의하게 된다.

그렇게 시진핑이 총서기 자리에 올랐다. 정파 간 합의의 결과였기에 당연히 권력을 나눠야 했다. 최고지도부 7자리 중 4자리를 상하이방이 차지했고, 권력 서열 두 번째인 총리는 공청단의 리커창이 맡았다. 사람들은 시진핑이 집단지도체제의 허수아비 지도자가 될 것이라 믿어 의심치 않았다.

시진핑의 예의 바른 태도는 취임 이후에도 크게 달라지지 않았다. 그러나 이는 일시적인 겉모습에 불과했다. 취임 초기 그는 사회를 개혁하겠다며 대대적인 반부패 운동에 나선다. 새로 취임한 권력자가 부패 척결을 내거는 건 흔한 일이며, 어느 정도 형식적인 퍼포먼스이기도 하다. 그렇기에 고위직들은 자신들이 안전할 것이라 믿었다. 하지만 그는 이 과정에서 자신을 밀어주고 최대 계파를 형성했던 상하이방을 한 명 한 명 착실히, 하지만 잔혹하게(완벽하게) 정리해 버린다.

그렇게 상하이방의 위세가 완전히 줄어들었다. 다음 개최된 중앙위원회에서 태자당이 5자리, 공청단이 2자리를 차지하며 상하이방은 최고지도부의 한 자리도 차지하지 못했다. 하지만 이때까지도 시진핑은 이것이 마치 일시적인 현상인 것처럼 굴었다. 그는 원로들에게 여전히 깍듯했으며 맡은 바 소임에만 충실한 듯 보였다.

그는 착실히 자기 사람들로 주요 인사를 채워나갔다. 그리고 2018년 전국인민대표대회에서 국가주석의 연임을 2회로 제한하는 법을 철폐하며 사실상 장기독재로 가는 길을 열었다. 찬성 2,958표 대 반대 2표의 압도적인 지지는 당을 완전히 장악했음을 보여주는 결과였다. 이제 방향은 명확해졌다. 2022년 대회에서는 시진핑의 3연임이 확정됐고, 최고지도부 7자리 전부를 태자당, 그것도 시자쥔(시진핑 라인)으로 교체했다. 해외 언론들은 형식적으로나마 총리 자리를 공청단에 줄 것으로 예측했으나, 시진핑에게는 그런 식의 개평도 없었다. 원로 격으로 대회에 참석한 전 최고지도자 후진타오는 끝까지 자리를 지키지도 못한 채 자신이 권력을 넘겨준 시진핑에게 사실상 끌려나가는 수모를 겪었다. 시진핑은 더는 예의를 차리지 않았다. 마치 권력을 완전히 장악한 뒤 반대파를 무자비하게 쓸어버린 사마의처럼.

윗사람이나 경쟁자들이 무능해서 시진핑을 잘못 판단한 것이

자신이 권력을 넘겨준 이에게 끌려나가는 후진타오.

아니다. 모든 사람이 시진핑을 조용한 사람으로, 권력욕이 없는 사람으로 여겼다. 심지어 권력을 잡은 후에도 마찬가지다. 싱가포르의 국부이자 50년간 세계정치 일선에서 활약한 리콴유李光耀조차 그를 겸손할 줄 아는 사람으로, 미국에 이를 드러내지 않고 중국을 발전시킬 지도자로 평가했다. 하지만 이제 우리는 이 예상이 완전히 틀렸다는 것을 안다. 멍청한 이를 속이기는 쉽다. 하지만 현명한 이를 속여 넘겨야 진짜가 된다.

독재자 중에는 때가 되기 전까지는 본심을 철저히 숨긴 자들이 많다. 소련의 스탈린이 그랬고, 러시아의 푸틴이 그랬다. 그들은 최고의 자리에 오르기 전까지는 시진핑이나 사마의가 그랬듯이 야심이 없는 관리형 캐릭터처럼 행동했다. 혼란한 상황은 그런 이들에게 기회를 제공한다. 그리고 기회가 왔을 때 그들은 이전과는 전혀 다른 모습을 보이며 권력을 장악한다.

독재자는 아니지만 노태우 대통령도 비슷한 방식으로 권력을 잡았다. 사람들은 노태우가 전두환 정권 내내 이인자 자리를 지켰으니 그가 다음 권력자가 된 것을 특별하게 생각하지 않는다. 그런데 역사적으로 이인자가 권력을 이어받는 경우가 굉장히 드물다. 대부분의 독재자는 이인자를 경쟁시키고, 경쟁이 끝나면 자신의 권력이 약해질 것을 두려워해 없애 버린다. 전두환 역시 다른 부하들에 대해서는 비슷하게 경쟁을 시켰다. 하지만 노태우는 전두환의 임기 내내 이인자 자리를 지켰고 권력도 물려받았다. 전두환이 자신의 후계자로 노태우를 뽑은 것은 그가 언제나 자신의 명령에 군말 없이 따르는 예스맨이었으니 권력을 물려줘도 절대 배신하지 않고 자신을 지켜줄 것이라 믿었기 때문이다. 그런데 대통령이 된 노태우는 즉각 전두환 부부를 끌어내렸다. 권력을 잡기 전까지 바짝 엎드렸다가 더는 돌이킬 수 없는 순간 낚아챈 것이다.

완벽한 성공을 확신하기 전까지는 완전히 움츠려라. 과시가 좋은 전략일 때도 있지만, 드러난 사람은 공격을 받게 마련이다. 자신이 완벽히 완성되지 않았다면 그 공격이 치명적일 수 있다. 스페인의 무적함대는 강력함을 나타내는 이름처럼 들리지만 사실 놀리는 이름이다. 무적함대는 큰 전쟁에서 제대로 이긴 적이 없다. 자신감과 자만심이 오히려 다른 나라로 하여금 경각심을 느끼게 했고, 이는 패배라는 결과로 귀결됐다. 그러니 최후의 승자가 될 수 있는 경우가 아니라면 겸손한 태도를 유지하라. 그건 공격은 아닐지라도 최소한 자신을 방어하는 수단은 된다.

2017년, 시진핑이 3연임 가능 개헌안을 통과시키기 딱 1년 전, 중국에서는 사마의를 다룬 86부작 드라마가 방영됐다. 이

드라마의 백미는 83화까지 자신을 바짝 낮춘 사마의가 한 번의 반란으로 단번에 권력을 쟁취하는 결말부일 것이다. 제작진이 어디까지 의도했는지는 모르겠지만, 시진핑 집권기에 하필 사마의를 주인공으로 한 드라마가 나온 것은 여러모로 의미심장하다. 시진핑의 독재가 가져올 변화에 두려움을 나타냄과 동시에 그에 대한 가장 큰 찬사처럼 보이기도 한다. 바짝 엎드린 맹수는 기지개를 켰을 때 그 본모습을 드러내며, 상대방이 그 본모습을 깨달을 때는 이미 돌이킬 수 없다.

드라마 〈대군사사마의〉 포스터.

P.S. 혹시나 해서 덧붙이자면 이건 시진핑이 권력을 거머쥔 방식을 이야기한 것이지, 그의 정치 성향이나 중국 정치에 대한 호불호를 이야기한 것은 아니다. 그래서 지금 중국에 대해서 어찌 생각하느냐고? 젊은 사마의가 그랬던 것처럼 특별히 도움이 되지 않는 일에 대해서는 침묵하도록 하겠다.

8

허례허식은 허튼짓이 아니다

"미학적으로 그른 것은 정치적으로 그르다."

_아도르노Theodor Adorno

삼국지 이야기를 했으니 한 사람만 더 짚고 넘어가자. 그 주인공은 바로 원소袁紹.

후한말 사세삼공四世三公[*]을 지낸 원가의 후계자로 하북의 패자였다. 한마디로 금수저 중의 금수저. 하지만 이런 베이스에도 불구하고 더 적은 자원과 군사를 가진 조조에 패해, 결국은 우유부단하고 무능하다고 평가받는 인물이다.

원소가 얼마나 무능한 인물이었는지는 조조라는 인물이 부각될수록 더 강하게 드러난다. 우리가 짚어보아야 할 지점은,

---

*   4대 동안 최고위직 삼공을 지낸 집안이란 뜻. 얼추 명문가라 생각하면 된다.

허례허식은 허튼짓이 아니다   121

그렇게 우유부단하고 무능하다는 인물이 어떻게 명망 높은 유력 가문의 후계자가 되고 나아가 하북의 패자가 될 수 있었느냐 하는 것이다.

삼국지판 〈재벌집 막내아들〉

원가의 후계자 타이틀 때문에 간과되는 사실이 있는데 원소는 원가의 적장자가 아니다. 명문가의 자제니까 금수저는 맞지만 한 가문의 후계자가 되는 것은 쉬운 일이 아니다. 물려받을 내 몫을 당연히 물려받은 도련님은 아니란 뜻이다.

드라마 〈재벌집 막내아들〉에서 막내아들의 막내아들인 진도준이 순양그룹의 후계자가 되기 위해 큰 성과를 보여야 했던 것과 마찬가지다. 드라마에서 진도준의 슈퍼파워는 미래를 알고 있다는 것이었다. 그럼 원소의 슈퍼파워는 뭐였을까?

당시 원가의 가계도를 보자.

원소의 할아버지 원탕에게는 네 명의 아들이 있었다. 원소는 둘째 아들인 원성과 노비 출신 어머니 사이에서 태어난 얼자였다. 이부터가 일단 난관이다. 그런데 집안에서 유일한 끈이라 할 수 있는 아버지 원성마저 일찍 사망한다. 원탕의 첫째 아들인 원평도 이른 나이에 죽는데, 이 때문에 셋째인 원봉이 가장이자 가문의 후계자가 되었다. 원봉은 오갈 데 없어진 원소를 본인의 양자로 입적한다. 원봉에게는 친아들이 둘 있었는데 그중 하나가 삼국지에서 원소보다 더 모지리로 나오는 원술이다. 정리하면, 원소는 얼자 출신에 친부를 잃고 삼촌에게 양자로 들어간 입장이었으니 후계자가 되기 어렵다 못해 불가능한 상황이었다. 진도준이 순양을 물려받는 것보다 원소가 원가를 물려받는 것이 더 고난이도였다.

그럼 이런 상황에서 원소가 살아남는 전략은 무엇이었을까? 남다르게, 귀족보다 더 귀족적으로 행동하는 것이었다. 그는 언제나 예의를 따지고 예법을 따졌다. 신분을 앞세워 재수 없게 구는 형제들과는 달리 어릴 때부터 주변에 예의를 갖췄다. 집안 어른뿐 아니라 하인이나 아랫사람에게도 예를 다했다. 한마디로 배운 집 청년의 이미지를 확실히 심어줬다. 가장 대표적인 것이 두 번의 삼년상이다.

삼년상이란 유교 사회에서 부모가 돌아가셨을 때 묘지 옆에 움막을 짓고 3년간 기거하며 아침저녁으로 묘지를 돌보아 효를 다하는 행동을 말한다. 어린 시절 세 살 정도까지는 부모가 아이 옆에 붙어 최선을 다하므로 자식 역시 돌아가신 부모 옆에서 그 정도 기간은 보답해야 한다는 논리다. 사실 삼년상은 현실적으로 어려운 일이라 유교 문화권에서도 제대로 하는 이가 드물었고, 하더라도 3년간 일상생활은 그대로 영위하면서 옷만 상복을 입거나 공적인 자리를 피하는 정도의 약식으로 지내는 경우가 많았다. 특히 후한말은 사회가 혼란하고 유학이 완벽히 자리를 잡지 않았을 때라 삼년상을 치르는 것은 더 특별한 일이었다. 그런데 원소는 이 어렵다는 삼년상을, 그것도 두 번이나 연달아 지냈다. 젊은 나이에 1년 반 군대 가는 것도 억울한 마당에 6년을 날리다니 이야기만 들어도 미친… 보통 사람이 아니구나 싶다.

더 대단한 건 삼년상의 대상이다. 삼년상은 부모에게 지낸다. 그런데 앞에서 서술한 대로 원소는 상황이 복잡하다. 원소의 첫 번째 삼년상 대상은 자신의 양어머니, 자신을 입양해준 원성의 부인이자 원술의 어머니였다. 그러니까 피 한 방울 안 섞인 이를 위해 삼년상을 치러낸 것이다. 지금이야 양부모라 할지라도 친부모 못지않게 혹은 그 이상으로 애틋할 수 있다. 하지만 원소의 입양은 가문을 위한 형식적인 입양이었다. 그런데 그는 마치 친어머니가 돌아가신 것처럼 행동했다. 이게 바로 귀족보다 더 귀족처럼 구는 그의 전략이었다. 참고로 그 어머니의 친아들 중 누구도 삼년상을 치르지 않았다. 이 장면을 원가 집안의 어르신 입장에서 바라보자. 누가 이 집안의 후계자가 될 재목인가? 그의 입지는 크게 높아졌다. 누가 태클을 걸 수 있겠는가. 형제들도 그전에는 원소를 얼자이자 양자라고 무시했을 수 있지만, 이후에는 어려웠을 것이다. 본인들 어머니의 삼년상을 치른 이에게 무슨 말을 하겠는가.

이 첫 번째 삼년상이 가문에 보여준 것이라면 두 번째 삼년상은 세상에 보여준 것이라 할 수 있다. 첫 번째 삼년상을 마친 원소는 어릴 때 돌아가신 친아버지 원성에게 효를 다하지 않은 것이 마음에 걸린다며, 양어머니 삼년상에 이어 연달아 삼년상을 치른다. 첫 번째 삼년상만 치렀다면, "인정받으려고 아주 용 쓴다"는 비아냥을 받을 수 있다. 하지만 오래전 세상을 떠나 당장의 권력과는 아무 끈이 없는 자신의 친아버지를 위해 삼년상을 올려 집안에 아부한다는 비아냥을 잠재우고 세상에 원소라는 이름을 널리 퍼트린 것이다. '원가 집안에 아주 미친… 아니, 훌륭한 분이 있대'.

당시 한나라의 상층부는 크게 탁류파와 청류파로 나뉘어 있었다. 원가는 탁류파에 속했다. 간단히 설명하면 탁류파는 일종의 왕당파로 왕과 환관, 그리고 가까운 귀족들로 이루어진 집단이었고, 청류파는 나머지 귀족들이 중심이었다. 당연히 탁류파는 왕권 강화를 위해 귀족을 누르려고 했고, 청류파는 귀족의 특권을 유지하며 왕권을 견제하려 했다. 청류파는 자신들이 남들과는 다르다는 귀족적 삶, 일종의 배운 삶을 추구했는데 당시 기준으로 좀 배웠다는 것은 유교의 가르침을 따른다는 뜻이다. 그런데 웬 명문가 자제가 삼년상을 그것도 두 번이나, 어린 시절 못한 것까지 지낸다고 하니 시선이 모이지 않겠는가. 그러니까 이 두 번의 삼년상으로 원소는 원래 원가의 지지기반이었던

탁류파와 유교를 중시하던 청류파 양쪽에서 지지받는 후계자가
되었다.

　이런 명성은 인재들을 끌어모았고, 원소는 언제나처럼 예로
그들을 대했다. 명성은 점차 드높아져, 더 많은 인재가 모였다.
이때부터는 가문에서 밀어주지 않더라도 집안을 넘어서는 명성
을 갖춘 상황이었다. 당시 가문 내부의 상황 역시 후계자는 원
기(원상의 첫째 아들)로 정해진 분위기였으므로, 원소 입장에서
도 가문의 후계자보다는 명성을 쌓아 어느 정도 세력을 이루어
독립하려고 했다고 보는 것이 더 합당하다. 그러나 원기가 동
탁의 손에 일찍 세상을 떠나면서 원소에게도 기회가 생긴 것이
다. 형이 죽은 걸 운이라 할 수 있을지는 모르겠지만, 아무튼 후
계자가 되는 것에는 결정적인 역할을 했다. 또 하나의 운이라면
남은 라이벌 원술이 개차반이었다는 것. 원가 사람들이 보기에
원술보다는 원소가 될 놈이었고, 적장자가 사라졌으니 될 놈을
밀어줬다고 볼 수 있다.

　그렇게 보면 삼국지에서 원술이 그렇게 삐뚤어진 것도 이상
하지 않다. 그가 보기에 마땅히 자신이 가졌어야 할 걸, 웬 굴러
들어온 삼년상 빌런이 빼앗아 간 셈이니까.

허례허식의 쓸모

　불필요한 의식과 예의를 번드레하게 갖추는 걸 보면서 우리

는 흔히 허례허식이라고 한다. 그리고 허례허식을 타파하자고 자주 이야기한다. 분명 필요한 일이다. 역사에서는 예에 집착하다가 일을 그르치는 경우를 종종 볼 수 있다.

삼년상을 예로 들자면 의병대장 이인영이 대표적이다. 1905년 을사늑약 체결 후 전국에서 항일의병이 일어났고, 이인영은 전국의 의병을 모아 1907년 13도 창의군을 창설했다. 전국의 의병들이 모인 가운데 이들은 서울 탈환을 목표로 진군을 시작해 일본군을 30여 차례 격파하는 전공을 올렸다. 2,000명으로 시작한 의병은 시간이 갈수록 그 수가 늘어나 서울에 이르렀을 때는 1만 명에 달했다.

그런데 서울 진격 직전 이인영 앞으로 아버지의 부고가 전해진다. 절체절명의 순간, 이인영은 아버지의 삼년상을 치르기 위해 대장직을 넘기고 고향으로 내려간다. 부하들이 수차례 말렸으나 그는 뜻을 꺾지 않았다. 사기가 꺾인 13도 창의군의 서울 진격 작전은 이루어지지 않았다. 물론 그가 있었다고 한들 역사의 큰 흐름이 변하긴 어려웠겠지만, 여러모로 아쉽고 이해가 가지 않는 선택이다. 심지어 고향에 내려간 이인영은 삼년상을 다 치르지도 못하고 일본 헌병에게 잡혀 감옥에서 생을 마감한다. 역사에 만약이란 없다지만, 그가 조금만 융통성 있는 사람이었다면 어땠을까. 대체 삼년상이 뭐라고.

허례허식을 없애자, 악습을 철폐하자는 말은 유사 이래 끊임없이 되풀이되었다. "요즘 젊은이들은 철이 없다"는 말이 서쪽으로는 그리스부터 동쪽으로는 고대 중국의 기록에서까지 끊임없이 반복된다고 하는데 "불필요한 절차를 없애자"는 말도 아마 그 옆 어딘가 적혀 있을 것이다. 악습과 불필요한 절차는 당연히 없어져야지. 그런데 우리가 되짚어보아야 할 지점은, 사라졌어야 마땅할 그 허례허식 중 일부가 왜 여전히 남아있느냐는 것이다. 누구나 불필요하다고 하는데 왜 남아있을까? 그건 상당히 많은 경우, 사람들이 허례허식이 불필요하다고 말하면서도 그 '허虛'에 의미를 부여하기 때문이다. 그리고 의미를 부여하는 딱 그만큼 허는 허가 아닌 게 된다. 이인영은 삼년상을 치르는 선택을 함으로써 13도 창의군의 결말을 불러왔지만, 다른 방향에서 생각해보면 그가 그 상황에서 삼년상을 치를 정도의 인물이었기에 13도 창의군의 총대장으로 추대받고 사람들을 규합할 수 있었던 것이다.

그런 면에서 허례허식은 결코 허튼짓이 아니다. 세상엔 쓸모없는 것들이 많다. 돌이켜보면 인간의 사회적 행동 중 대부분은 굳이 꼭 해야 할 필요는 없는 것들이다. 아니, 대체 살면서 꼭 필요한 일이란 게 얼마나 있겠냐고? 하지만 우리는 헛된 것에 매력을 느낀다. 만약 기계적인 필요만을 따진다면 원소의 행동은 쓸모없는 것이 된다. 그러나 사람의 감정이란 그 쓸모없는 행동에 영향을 받는다. 가문의 후계자를 정한다고 해보자. 가장 중요한 것은 능력일 것이다. 근데 그 능력이란 것은 제대로 평가하기 어렵다. 결국 눈에 보이는 외적인 요소가 중요해진다. 특히 외부에서 보기에는 형식적인 허례허식이 평가의 유일한 기준이 될 수도 있다. 그런 행동을 하는 사람이 다른 일도 얼마나 잘 처리할까 상상하게 만든다. '양부모 삼년상도 치르는 사람이니 덕이 얼마나 높겠어', '사람이 얼마나 따르겠어', '가문의 다른 어른들께는 얼마나 깍듯하겠어'… 식으로 상상을 확장해 주는 것이다.

살다 보면 '적당한 게 좋다'는 식의 표현을 사용하게 될 때가 많다. 물론 많은 경우 적당한 게 좋다. 하지만 쟁취하기 위해서는 극단적이어야 한다. 특히 불리하지만 꼭 뒤집어야 하는 판이라면 더 그렇다. 예의를 지키려면 최대한 지키고, 자유로울 것이라면 완벽히 자유로워야 한다. 그래야 그나마 기회가 생긴다. 원소는 자신의 단점을 더 큰 행동으로 돌파했다. 그가 다른 형제들 수준으로 적당히 효를 행했다면 원가의 후계자가 되기 어려웠을 것이다. 시작이 늦은 사람들은 적당히 행동하면 평생 뒤처진다. 후발주자가 선행주자를 따라잡으려면 범인은 혀를 내두를 정도로 남달라야 한다.

그리고 원소에게는 이를 뒷받침해줄 강력한 장점이 있었다. 그건 바로 그가 탁월한 미남이었다는 것이다. 폼의 완성은 역시 얼굴 아니겠는가. 기록에 따르면 원소는 잘생긴 얼굴에 체형도 듬직했다고 한다. 외모만큼 '허'인 것도 없지만, 또 외모만큼 사람에게 즉각적인 영향을 주는 요소도 없다. 그는 사람들에게 듬직하고 믿을 만한 사람이라는 이미지를 보여주었고 얼자와 양자라는 태생적 한계를 극복하는데 이용했다.

가문의 주인이 된 이후 원소의 선택은 늘 최악을 달렸다. 천

(좌) 원소의 초상화, (우) 〈삼국지 패도〉에서 원소의 일러스트.
초상화만 보면 당시 사람들의 미남의 기준에 의문이 든다.

하를 가질 기회가 여러 번 있었지만 오랜 고심 끝에 번번이 악수를 뒀다. 고심을 하지 말든지 악수를 두지 말든지 둘 중 하나만 해야 하는데 둘을 동시에 해냈고 쌍으로 날려먹었다. 또한 자신보다 똑똑한 이를 두려워해 제대로 된 신하의 조언은 받아들이지 못했고, 결국 말년에는 자신뿐 아니라 가문 전체를 말아먹었다.

이 정도면 후대의 평가대로 단순히 운이 나쁜 게 아니라 무능한 사람이었다고 할 수 있다. 그렇다면 아마 어려서부터 이런 성향의 씨앗을 보였을 것이고, 누군가는 원소의 이런 단점을 파악했을지도 모른다. 하지만 그의 압도적인 허례허식은 모든 걸 상쇄하고 반대자의 입을 다물게 했다.

잊지 마라. 쓸모없는 것을 지키는 것이 때로는 당신을 돋보이게 한다. 어떤 허례허식이라도 함부로 무시해서는 안 된다. 사람들은 "뭘 이런 걸…" 말하곤 하지만, 그 사실을 절대 잊지 않는다. 꼰대들이 간판을 따지는 건 경험으로 그 의미를 알기 때문이다. 반대로 말하면 허례허식을 무시할 때는 결코 반항심만으로 행동해선 안 된다. 명확한 이유가 있어야 한다. 그리고 그로 인한 부정적인 피드백 역시 감수해야 한다. 물론 우리가 익히 알고 있듯이 허례허식을 타파해서 성공한 이들도 세상에 많다. 그게 참 삶이 어렵고 복잡한 이유다.

9

선한 어그로

"나는 나와 생각이 같지 않은 이들을 설득하기 위해 말하는 것이 아니다.
이미 나와 생각이 같은 이들에게 혼자가 아님을
깨닫게 해주기 위해 말하는 것이다."

_베르나르 베르베르Bernard Werber 〈상대적이며 절대적인 지식의 백과사전〉 중에서

정치적 올바름에 대해 부정적인 트윗을 일삼던 영국계 미국인 인플루언서 앤드류 테이트Andrew Tate. 문제적인 논란 발언을 계속해서 게시한 끝에 2017년 트위터에서 제명을 당했다. 그러나 2022년 일론 머스크가 트위터를 인수한 후 계정이 복구되었다. 되살아난 앤드류 테이트는 2022년 12월 28일, 환경운동가 그레타 툰베리Greta Thunberg에게 트윗을 하나 날린다. 평소 탄소배출을 줄이자고 주장하는 툰베리를 조롱하는 글이었다. 그는 슈퍼카에 폼나게 주유하는 자신의 모습을 추가하는 것도 잊지 않았다. 상세한 내용을 함께 살펴보자. (이하 트위터 내용들은 뉘앙스에 맞춰 원문을 전달하기 위해 의역 및 축약이 되었다.)

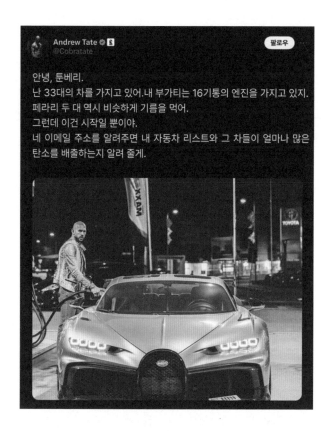

안녕, 툰베리.
난 33대의 차를 가지고 있어. 내 부가티는 16기통의 엔진을 가지고 있지.
페라리 두 대 역시 비슷하게 기름을 먹어.
그런데 이건 시작일 뿐이야.
네 이메일 주소를 알려주면 내 자동차 리스트와 그 차들이 얼마나 많은
탄소를 배출하는지 알려 줄게.

하지만 툰베리는 만만한 상대가 아니다. 그 역시 어그로 하면
한따까리 하지. 바로 트윗을 날렸다.

고마워. 아래 이메일로 보내줘.
smalldickenergy@getalife.com
(작은성기에너지@현생좀살자.com)

통용되는 속설—신체적 남성성이 부족한 사람일수록 남성성을 드러내는 도구에 집착한다—에 맞춰 차 자랑이나 하는 걸 보니 네 소중이는 부실하구나 하며 이메일 아이디로 한 번 놀린 다음, 인터넷에서 찐따짓 하지 말고 진짜 인생을 살라는 도메인 주소를 덧붙였다. 네티즌들은 툰베리의 승리라고 판정승을 외쳤다. 앤드류 테이트가 부끄러움을 아는 인간이었다면 여기서 키보드질을 멈췄겠지만, 그랬다면 애초에 시비를 걸지도 않았겠지. 그는 아무 말이나 하기 시작했다.

일단 무슨 소린지 이해가 잘 안 간다. 우리로 치면 "반사"라고

외친 것 같은데, 이해가 잘 안 되는 만큼 타격감도 별로 없다. 그는 스스로도 반격이 약하다고 느꼈는지 그레타를 조롱하는 영상을 함께 올렸다. 그런데 이 영상이 문제였다.

영상에는 피자박스가 잠깐 나온다. 당시 앤드류는 여성들을 강압해 음란물을 제작하고 성폭행한 혐의로 수배 중이었는데, 경찰은 그의 소재지를 파악하지 못해 체포에 어려움을 겪고 있었다. 그런데 피자박스에는 지역을 알 수 있는 상호가 적혀 있었고, 경찰은 이 피자가게 근처를 뒤져 그를 체포했다(경찰이 수사과정을 밝히지는 않았지만, 네티즌들은 피자박스에서 힌트를 얻었을 것으로 추정하고 있다).

트윗으로 압살했을 뿐 아니라 체포까지 돕다니, 그야말로 완벽한 KO승리. 툰베리는 확인사살용 펀치까지 잊지 않았다.

그렇다. 다 먹은 피자박스는 빨리빨리 분리수거 하도록 하자.

두 사람이 나눈 트윗은 모두 1억 회 이상, 다 합치면 10억 회가 넘게 조회됐다. 이슈가 되는 사건에는 빠지지 않는 일론 머스크 역시 "피자는 집에서 만들어 먹는 게 낫다"는 트윗을 날리며 조롱 대열에 합류했다. 툰베리로서는 웬 잡범이 시비를 걸어

줘서 손해 없이 이름을 떨치는 남는 장사를 한 셈이다. 이 사건은 툰베리가 인터넷으로 나눈 수많은 설전 중 하나일 뿐이다. 돌이켜보면 그의 투쟁은 언제나 어그로를 끄는 것으로 시작했다.

어그로는 어떻게 목적을 달성하는가?

그레타 툰베리, 스웨덴 국적의 2003년생 환경운동가다. 윤석열 나이로 15세였던 2018년, 기후변화의 심각성을 느끼고 환경운동에 뛰어들었다. 그가 취한 방식은 이제는 누구나 알고 있다. 바로 등교거부. 그는 매주 금요일 환경파괴에 침묵하고 기후변화에 적극적으로 대처하지 않는 정치인들과 어른들에 저항하는 의미로 등교를 거부하고 국회의사당 앞에서 1인 시위를 진행했다.

사실 학생이 금요일에 학교 안 가는 일이 환경보호에 무슨 직접적인 의미가 있겠나. 하지만 이 어그로는 적중했다. 어그로였으므로 당연히 소셜 네트워크 서비스(주로 트위터)로 열심히 홍보했다. 트윗은 곧 흐름을 탔고, 언론은 평일 낮에 학교에 가지 않는 어린 소녀에게 관심을 가졌다. 이 행동은 곧 유럽 전역에 퍼졌고, 청소년들 사이에서 이슈가 되면서 '미래를 위한 금요일'이라고 쓰고 출석거부라고 읽는 집단행동이 전 세계로 퍼져나갔다. 글로벌 기후파업에는 학생뿐 아니라 어른들도 함께했다. 툰베리가 첫 번째 1인 시위를 시작하고 반년 후 2019년 3월에 열린 기후파업에는 100만 명이 함께 했고, 9월에는 400만 명이 참여했다. 딱 1년 만의 성과다.

처음에는 혼자였으나, 곧 세계가 응답했다

사람들은 툰베리의 운동은 우연히 발견되었다고 생각한다. 하지만 툰베리의 성공은 완벽하게 기획된 것이었다. 시위는 처음부터 마케팅 전문가들이 달라붙어서 만든 성과였다. 그들은 사진을 찍어주고 홍보 전략도 논의했다. 프레임 안에 스타만 있다고 해서 그 혼자 영화를 만든 게 아니듯이 툰베리 역시 혼자가 아니었다. 인생사진 쉽게 나오는 거 아니다. 성공한 이의 정제되지 않은 듯한 발언과 행동은 사실 계산된 경우가 많다. 그렇다고 툰베리의 성과를 깎아내릴 생각은 전혀 없다. 오히려 반대다. 노력한다고 다 어그로가 끌리는 게 아니거든.

'미래를 위한 금요일'로 툰베리는 세계적 유명인사가 되었고, 각종 환경행사에 초청되기 시작했다. 웬만한 어그로꾼은 어느 정도 명성을 얻고 나면 어그로를 멈추고, 갑자기 평화의 말을— "우리 함께 잘해보아요!"— 하게 마련이다. 하지만 그는 멈추지 않았다. 연단에 선 그는 환경을 위한 평화의 말보다는 어른들과 정치인을 향해 분노의 말을 쏟아냈다. 환경운동에 상당히 진심인 나조차도 '저렇게 흥분할 일인가?' 싶을 정도의 메시지가 뉴스를 덮었다. 그를 지지하는 사람들은 "맞아, 환경운동은 정

툰베리의 '어그로'에 모인, 그와 뜻을 함께하는 사람들.

말 절박한 일이야"하며 지지를 보냈고, 반대자들은 "분노조절장애", "쇼맨십" 등의 비난을 보냈다. 그럴수록 지지자들은 더 열광적으로 그를 지지했다. 모든 비난이 그를 더 돋보이게 했다. 그는 정확히 목적을 달성했다. 어그로가 끌렸고, 판은 커졌다. 이 어그로에 러시아 대통령, 미국 대통령까지 말려든다. 그들과의 설전으로 툰베리는 더 유명인사가 됐고, 환경에 대한 이슈들역시 그와 함께 메인 뉴스가 되었다.

툰베리는 해외 행사에 참석할 때 무동력 태양광 보트를 타고이동한다. 비행기를 타면 하루에 갈 수 있는 거리를 보트를 타고 한 달을 들여서 간다. 이유는 탄소배출을 하지 않기 위해서. 대단하다고 느끼면서도 어딘가 호들갑스럽게 느껴지기도 한다. 반대자들은 당연히 "이 모든 게 쇼"라고 비난한다.

그런데 반대자들이 모르는 게 있다. 툰베리의 행동이 쇼인지모르는 사람은 아무도 없다는 것이다. 모두가 안다. 그럼에도이 쇼가 먹히는 이유는 그 쇼에 진심이 있기 때문이다. 어떻게하면 탄소를 배출하지 않을 수 있을까, 어떻게 하면 이목을 끌수 있을까 고민하니 새로운 아이디어들이 마구마구 튀어나오는거지. 어그로는 진심으로 끌어야 끌린다. 그는 보트를 타고 대서양을 건너며 이렇게 고백한다.

"집에 가고 싶다. 책임감으로 어깨가 너무 무겁다. 종일 이 생각에 매여 있다. 하고 싶어서 하는 일이 아니다."

어그로의 명과 암

어그로를 끄는 것은 자신의 행위를 알릴 때 어떤 방식보다 저렴하고 빠르며 효과적이다. 하지만 효과 좋은 약에는 부작용도 왕왕 따르는 법이다. 어그로로 뜰 경우 세를 더 넓히는 것에는 한계가 있다. 어그로는 같은 의견을 가진 이들에게는 열렬한 호응을 얻고, 무관심한 쪽에는 일단 화두를 던질 수 있지만, 반대 의견을 가진 이들에게는 부정적인 이미지만 강화해 설득은 고사하고 안티를 늘려 더 완고한 반대자를 양산한다.

최근 해외든 국내든 정치판에서 이런 경우를 흔히 볼 수 있다. 여성혐오, 난민혐오, 지역혐오, 장애인혐오, 세대혐오 등 어떤 식으로든 어그로를 끌어 이름을 날리는 식이다. 실제 예시를 들면 이해가 더 쉽겠지만 누군가는 아주 민감하게 받아들일 수 있으니 실명 언급은 생략하고 그냥 넘어가도록 하자. 당신 머릿속에 누군가 떠올랐다면 그 사람이 맞다.

어그로 전략은 이목을 끌기 좋아 초반 유명세에 좋다. 당연히 정치판에서도 유용하다. 하지만 그 과정에서 안티 역시 늘어나 일정 이상의 자리에 오르기 어렵다. 트럼프 등 몇몇 반대 사례도 있긴 하지만, 어그로로 인기를 얻을 경우 보통은 팬보다 안티가 많아지기에 과반 이상의 지지를 끌어내기 어렵다.

그러면 일단 어그로를 끌어서 이름을 알린 후 이미지 변신을 하면 되지 않느냐는 순진한 생각을 할 수 있는데, 어그로로 생긴 반감은 웬만해선 사라지지 않기 때문에 설혹 진짜 딴사람이

분노에 찬 그레타 툰베리.

기차는 화석연료 소비가 가장 적은 대중교통이다.* 툰베리는 유럽 내 이동은 가급적 기차를 이용하며 육상이동이 어려울 경우 무동력 보트를 탄다.

---

*   해당 사진은 '컨셉질' 논란이 있었다. 툰베리가 "사람들로 가득 찬 기차를 타고 독일을 지나고 있다"는 트윗과 함께 사진을 올리자, 팬들은 그에게 자리 하나 주지 않은 도이치반(독일철도)을 타박했다. 억울했던 도이치반은 트윗을 통해 툰베리에게 1등석을 제공했다고 밝혀, 사실상 툰베리가 '컨셉 사진'을 찍은 것이라고 돌려서 디스했다. 툰베리는 내리기 직전 잠깐 복도에 앉아 있을 때 사진을 찍은 것이라고 해명했다.

된다 해도 그 변신도 쇼로 받아들여질 가능성이 크다. 무엇보다 대중은 웬만큼 관심이 있지 않고서야 첫인상 이상을 봐주지 않는다. 정치권에서 상대방을 강하게 공격하는 역할을 맡은 이들을 소위 '저격수'라고 하는데, 이들도 마찬가지다. 저격수들은 이슈가 터지면 반짝 인기를 타고 여기저기 불려 다니며 총질을 해대지만, 시한이 다하면 당에서조차 버려지는 경우가 많다. 이슈가 사라지고 나면 안티만 남기에 그런 캐릭터를 빼버리는 게 조직에 더 이익이 되기 때문이다. 최고의 자리에 오르기 위해서는 팬이 많아야 하지만, 그 이전에 적이 없어야 한다.

그렇다고 어그로를 너무 부정적으로 생각할 필요는 없다. 왜냐하면 우리가 아주 부드럽고 신사적으로 말한다 해도 반대자들을 설득한다는 건 매우 어렵기 때문이다. 그러니 어그로로 우리 편에게라도 인기를 얻고 단합을 시키는 것은 나쁘지 않은 전술이다. 정치인이든 유튜버든 어그로로 이름을 날린 대다수는 어그로 전략을 택하지 않았다면 그 정도 인지도도 얻기 어려웠을 것이다. 그런 면에서 그들의 전략은 완벽히 적중했다고 할수 있다. 다만 어그로 전략이 문제가 될 때는 자신이 처음 목표로 한 것보다 더 높은 곳에 오르려고 할 때이다. 이상하게 정치인들은 목적을 달성하고 나면 꼭 더 큰 꿈을 꾸더라고.

선한 어그로. 어그로란 표현이 부정적으로 들릴 수 있겠지만 이건 툰베리에 대한 비난이 아니다. 그는 목적을 정확히, 성공적으로 달성했다. 그의 목적은 기후변화를 알리는 것이 아니었다. 기후변화를 모르는 사람은 없다. 그가 목표로 한 것은 알고도 행동하지 않는 우리 편이었고, 연설에서 늘 이들에게 경고를 날렸다. 그리고 이 메시지는 정확히 먹혀들었다. 그는 반대자들에게는 조롱과 비난의 대상이 되었지만, 아무런 타격도 받지 않았다. 애초에 그들을 포섭할 생각이 아니었으니까.

재밌는 사실은 그를 향한 옹호뿐 아니라 비난도 거의 동일하게 그의 이름값을 올렸다는 것이다. 그의 안티가 늘어나는 만큼 팬도 늘어났다. 보통의 유명인은 팬이 늘어나면 안티가 늘어나지만, 어그로꾼은 안티가 늘어나는 만큼 그를 지지하는 골수팬이 늘어난다. 툰베리가 욕을 먹을 때마다 그와 같은 뜻을 가진 이들 사이에서는 수호신이 되었다.

만약 당신이 누군가를 싫어한다면, 인터넷에서 찌질하게 악플이나 달거나 험담을 하는 것보다는 그에 대해서 완벽히 침묵하는 것이 더 나은 선택일 것이다. 물론 그런 일은 일어나지 않겠지만 왜? 어그로꾼들은 당신이 참도록 놔두지 않거든. 툰베리는 안티들의 활동 때문에 대통령이 되진 못하겠지만, 그들 덕분에 세상에서 가장 유명한 환경운동가가 될 수 있었고 사람들에게서 실질적인 변화를 이끌어 낼 수 있었다.

또한 어그로를 자신의 성공 기술로 삼고자 마음먹었다면 조심하는 것이 좋다. 앤드류 테이트 역시 어그로꾼이었으니까. 그를 좋아하는 팬들이 있지만, 그는 범죄자에 비난을 받고 있고, 툰베리는 타임지 올해의 인물이 되었다. 이 차이를 만든 것은 결국은 신념이자 나아가 행위자의 진심이다. 그래서 제목의 어그로 앞에 '선한'이라는 수식을 붙인 것이다. 물론 앤드류 테이

2019년 타임지 올해의 인물로 선정된 툰베리.

트는 자신이 선한 어그로를 끈다고, 본인이야말로 PC 파시스트
들의 억압에 맞서는 투사라고 생각하겠지. 우리에게는 생각의
자유가 있지만 안타깝게도 현실이 바뀌진 않는다.

10

이름을 부르자 급소가 되었다

"거짓을 믿으면 거짓도 진실이 된다."

_MC스나이퍼, 〈모의태〉 중에서

2017년 특허청은 대한민국 10대 발명품을 발표했다. 전문가 평가가 아닌 일반인을 대상으로 인터넷에서 진행한 가벼운 설문이라 실제 과학적 중요성과는 거리가 있지만, 대중들의 인식은 충분히 알아볼 수 있는 내용이었다.

1위는 훈민정음이었다. 한국인이라면 고개가 끄덕여질 결과다. 이어서 2위 거북선, 3위 금속활자, 4위 온돌로 역사적 발명품이 상위권에 대거 올랐다. 그런데 5위가 특별하다. 전체 5위이자 공산품 중 가장 높은 순위에 오른 주인공은 '커피믹스'였다. 그렇다. 당신이 아는 그 길쭉한, 뜯기 전 손가락을 튕겨 톡톡 두드리는 상품이 시민들이 직접 뽑은 한국을 빛낸 다섯 번째 발명품인 셈이다.

한국은 세계 어디에 내놔도 빠지지 않게 커피를 많이 마시는 국가다. 도심을 걷다 보면 한두 걸음마다 새로운 카페가 등장한다. 놀라운 사실은 국내에 수입되는 커피 대부분이 인스턴트로 소비된다는 것이다. 아마 이 책을 읽는 독자들이 '내 주변은 다 카페 가는데?' 생각할지 모르겠다. 하지만 당신이 모르는 세계는 언제나 아는 세계보다 넓다. 그리고 그 세계 중 다수는 인스턴트 커피를, 그것도 '믹스'로 마신다.

맥심을 제쳐라

한국 커피믹스 시장의 절대 강자는 '동서식품'의 '맥심Maxim' 이다. 맥심은 미국 '맥스웰하우스Maxwell House'의 서브 브랜드로 1980년 동서식품과 제휴를 맺고 한국에 들어왔다. 이때 동결 건조 기술도 함께 들어온다. 당시의 커피는 이른바 다방 커피로 커피·설탕·프림을 따로 구매해 직접 섞어 마시는 구조였다. 연식이 좀 있는 독자들은 제조 풍경을 기억할 것이다. 하지만 한국 사람들 성에 이런 건 안 맞지. 1976년, 동서식품에서 세계 최초로 '커피믹스'를 개발한다. 한국인의 입맛에 맞는 재료 배합 비율을 연구해(설탕 조절 부분이 존재하지만 사용하는 사람을 본 적이 없다) 커피 한 잔 분량씩으로 낱개 포장하여 빠르고 간편하게 커피를 마실 수 있게 한 것이다.

하지만 판매 초반에는 인기가 많지 않았다. 믿기 어렵겠지만,

(좌) 세계 최초, 국내 최초의 커피믹스. (우) 국내 최다 판매량을 자랑하는 '맥심 모카골드 마일드'. 단일상품으로써 커피믹스 시장 절반을 지배하고 있다. 동서 맥심의 전체 점유율은 80%를 넘는다.

동서식품이 1974년 선보인 '프리마'. 국내 최초의 커피 크리머coffee creamer로 흔히 프림으로 통한다. 국내에서는 제품명이 곧 보통명사가 되었다. 프리마 개발은 곧 1976년의 커피믹스 개발로 이어진다.

당시에는 회사마다 커피 타는 직원이 있었기 때문이다. 담당자는 매일 아침 직접 물을 끓여 $1 \times 3 \times 2^*$, $2 \times 2 \times 2$ 같은 공식을 외우며 직원들의 취향에 맞게 커피, 설탕, 프림을 섞어 커피를 탔다. 하지만 1990년대 들어 사무실마다 정수기가 생기고, IMF를 겪으며 보조인력이 대거 정리되면서, 커피믹스의 판매량이 폭발적으로 늘어난다. 이 덕분에 미국에서는 잊힌 브랜드인 맥심이 한국에서는 날아다니는 기현상이 벌어졌다.[**]

시장선점의 효과인지, 맥심의 맛을 아무도 못 따라가서인지, 맥심은 국내 커피믹스 시장의 절대강자로 군림하게 된다. 수많은 기업이 달려들었으나 맥심의 아성을 깨지 못했다. 세계 1위 식품기업인 네슬레도 두산, 롯데와 손잡고 여러 차례 한국 커피믹스 시장에 노크했지만 한 자릿수 점유율에 그쳤다. 맥심은 커피믹스 시장의 압도적 지배자로 80~90%의 점유율을 자랑한다. 그런데 지난 40년간 딱 한 번, 맥심이 흔들린 사건이 있었다.

2011년, 유제품을 주로 만들던 '남양유업'이 커피믹스 시장에 진출해 '프렌치카페'라는 제품을 출시한다. 맥심을 위협한 바로 그 도전자다. 아주 특별한 제품은 아니었다. 다만 광고가 특별했다. 그들이 밀었던 포인트는 단 하나.

---

*   커피, 설탕, 프림의 황금비율로 꼽히며, 커피믹스에도 적용되는 비율이다.
**   국민들의 뇌리에 '맥심'이라는 두 글자가 강하게 박힌 탓에 지금도 동서식품은 이 이름을 버리지 못하고 매년 수백억의 상표권을 지불하고 있으며, 해외수출도 막혀있다.

"프림에 화학적 합성품인 카제인나트륨 대신
우유를 넣었습니다."

우유 만들던 회사니 우유를 강조한 것은 특별할 게 없다. 문제는 앞부분, 그러니까 타사—맥심—는 프림에 화학적 합성품인 카제인나트륨을 넣는다고 한 부분이다. 화학적 합성품? 카제인나트륨? 정체를 모르겠지만 이름부터 뭔가 섬뜩한 느낌이다. 이 단어는 대중의 불안을 파고들었다. 내가 마시는 커피에 그런 게 들어 있다고? 프렌치카페의 첫 광고가 나가고 1년 뒤 맥심의 매출은 70%대로 떨어지고 프렌치카페의 점유율은 20%로 치솟았다. 세계 1위 네슬레도 실패한 한국 커피믹스 시장에 남양유업이 안착한 것이다.

그럼 문제가 되었던 카제인나트륨은 대체 무엇인가.

카페에서 라떼를 주문하면 커피에 우유를 섞어준다. 하지만 인스턴트 커피의 경우 보관성 문제로 우유 대신 변질이 적은 프림을 사용하는데, 이 프림의 주원료가 카제인이다. 카제인은 무시무시한 무언가는 아니고 우유에서 추출할 수 있는 단백질 이름이다. 아마 운동하는 분 중에는 카제인 단백질만 따로 섭취하는 이도 있을 것이다. 나트륨은 왜 붙었느냐? 카제인은 물에 잘 녹지 않는 성질인데, 나트륨을 첨가하면 수용성이 높아진다. 이 역시 카제인을 섭취해본 분은 알 텐데 물에 잘 안 녹아서 둥둥 뜨는 게 그렇게 보기가 싫다. 이렇게 탄생한 카제인나트륨은 이름이 주는 느낌과 다르게 해로운 무엇이 아니다.

당시 프렌치카페의 광고.

어떤 면에서 카제인은 우유보다도 좋은 물질이라 할 수 있다. 우유에는 카제인 단백질 외에도 유당과 유지방 등이 섞여 있다. 당과 지방이라니 그야말로 현대인의 적 아닌가. 또한 카제인은 우유보다 더 흡수가 잘 되는 편이다. 물론 남양유업의 광고처럼 화학적으로 분리하고 나트륨을 붙였으니 '화학적 합성품'이긴 하다. 하지만 여기서 화학적 합성이라는 건 원리적인 이야기지 건강에 나쁘다는 말은 아니다.

그럼 남양유업은 이 사실을 몰랐을까? 우유 파는 사람들이 그 정도를 모르지는 않았겠지. 그렇기에 그들도 "카제인나트륨이 나쁘다"는 말은 일절 하지 않았다. 그냥 카제인나트륨 대신 우유를 넣었다고 했을 뿐이다. 하지만 광고를 보는 사람들은 카제인나트륨은 유해한 물질이라고 인식할 수밖에 없다. 당시는 웰빙 열풍으로 프림과 설탕이 들어간 커피믹스 대신 블랙커피나 아메리카노를 마시는 인구가 늘어나던 때였다. 소비자들이 건강 문제에 눈을 뜨고 있는 시점에 폭탄이 터진 것이다.

동서식품은 억울해서 팔짝 뛸 일이다. 나쁘지도 않은 걸 나쁘다고 하니 그렇지 않겠는가. 그래서 카제인나트륨은 유해하지 않다는 내용을 열심히 떠들었다. 그런데 동서식품이 착각한 게 있다. 소비자들은 카제인나트륨이 나쁘지 않다는 사실을 곧 알게 되었을 것이다. 그런데도 매출은 줄었다. 왜? '혹시 모르니까'. 사람들은 혹시 하는 마음에 맥심 대신 프렌치카페를 샀다. 그리고 커피믹스는 사무실 등에서 단체로 구매하는 경우가 많다. 그러니 한 명이라도(특히 상급자가) '혹시 모르니까', '왠지 찝찝하다' 말하는 순간 제품이 싹 바뀌게 된다. 무관심한 대다수는 어차피 어떤 커피믹스가 놓여 있든 신경 쓰지 않을 테니까.

결국 동서식품은 항복을 선언한다. 설득을 포기하고 자신들도 우유가 들어간 커피믹스를 새로 개발한 것이다. 그 신제품이 바로 김연아 선수를 모델로 내세운 '맥심 화이트 골드'다. 사실이 제품에는 우유와 함께 카제인나트륨도 소량 들어가 있지만 광고에서는 이를 쏙 빼고 무지방 우유만을 강조했다. 이 제품이 나온 것 자체가 카제인나트륨이 나쁘다고 인정하는 꼴이 되었지만, 어쩌겠는가. 소비자가 원하면 따라가야지.

경쟁의 결말은 어떻게 되었을까.

2년 뒤, 남양유업 대리점 상품 강매 사건이 벌어진다. 이로 인해 전국민적인 남양유업 불매운동이 일어나고, 이 여파로 20%까지 오른 프렌치카페의 커피믹스 시장 점유율이 한 자릿수로 떨어진다. 결과적으로 현재 커피믹스의 시장 점유율은 동서—

"처음부터 끝까지 우유로 더 부드럽게".
억울해도 대중이 원하면 따라가야지.

맥심이 80% 후반, 남양유업 프렌치카페가 8%, 롯데─네슬레
가 3% 정도가 되었다. 언뜻 보기에는 큰 변화가 없어 보인다.
재밌는 것은 동서─맥심의 점유율 80% 중 맥심 화이트 골드
제품이 20% 이상을 차지한다는 것이다. 남양유업의 프렌치카
페 점유율까지 합치면 커피믹스 소비자의 약 30%가 카제인나
트륨 대신 우유가 들어간 제품을 선택한 것이다. 그게 카제인나
트륨 때문이든, 입에 더 맞아서인지는 모르겠지만, 어쨌든 남양
유업의 광고는 대단히 성공적이었다. 옳든 그르든.

불안은 영혼을 잠식한다

식품만큼 안전에 민감한 시장도 없다. 안전에 대한 이슈는 이성보다 감정, 특히 불안이 강하게 작동하는 경향이 있다. 내 몸에 들어가는 것이니 당연한 반응이다. 그러니 후발주자가 시장을 파고들기 어려울 때는 기존 제품의 안전이나 위생 관련 문제를 찾아야 한다. 없다고? 걱정하지 마라. 없으면 만들면 된다. 카제인나트륨은 어디 나빠서 타격을 받았는가. 비슷한 사례는 빈번히 발생한다. 김춘수 시인이 〈꽃〉에서 말했듯이 이름을 불러주면 그는 나에게로 와서 뭔가가 된다.

(1) 우지 라면

1989년 라면 제조 과정 중 면을 튀길 때 사용하는 기름이 '공업용 우지(소기름)'라는 사실이 알려지며 화제가 된 적이 있다. 공업용이라니 사람이 먹어서는 안 될 것 같지 않은가. 이 여파로 국내에서 처음 라면을 만든, 당시 업계 점유율 2위의 '삼양식품'이 큰 타격을 받았다. 삼양 측은 공업용이라는 명칭은 단순한 분류일 뿐이며, 소기름은 20년 전 정부 추천으로 국민들에게 동물성 지방을 공급하기 위해 선택했다는 합리적인 입장을 발표했지만, 이미 소비자들의 마음은 식은 뒤였다. 우지는 다른 기업들이 사용하던 팜유에 비해 오히려 단가가 더 높은 기름임에도 불구하고 대중은 삼양식품을 이익을 위해 양심을 속인 기업으로 단정지었다. 이 사건을 계기로 삼양의 라이벌이자 당시 업계 1위였던 농심이 압도적 시장 지배자가 된다. 진실이 밝혀진 후에도 삼양라면의 점유율은 돌아오지 않았고, 삼양식품을

삼양이 1963년 출시한 최초의 라면과, 우지 파동 당시의 신문 기사.

비롯해 우지를 사용하던 라면 회사들은 모두 팜유로 라면을 튀기기 시작했다.

(2) 사카린 소주

사카린 소주 역시 억울한 누명으로 사라졌다. 사카린은 화학 조미료의 일종으로 설탕보다 수백 배 달다. 지금 우리가 마시는 소주는 전통 소주와는 관계없는 희석식 소주인데, 이게 화학적으로 만들어진 쌩알코올이다 보니 쓸 수밖에 없다. 이 쓴맛을 잡기 위해 강력한 단맛을 내는 사카린이 사용되었다. 그런데 사카린 역시 화학조미료인 관계로 1980년대 억울한 누명을 썼고, 결국 소주를 포함한 모든 식품 생산에서 제외됐다. 1990년대 들어 무해하다는 사실이 밝혀졌지만, 역시나 사면은 이루어지지 않았다. 이후 소주는 쓴맛을 잡기 위해 사카린 대신 액상과당을 넣었다. 그것도 매우 많이. 당연히 현대인의 적 비만을 불러

오기 딱 좋다. 몇 년 전부터 음료 시장에 제로 열풍이 불고 있다. 소주도 마찬가지다. 칼로리가 거의 제로에 가깝다는 제로 음료의 포인트는 과당 대신 단맛을 내는 조미료를 넣는 것이다. 그러니까 우리는, 원래 제로였던 소주를 과당으로 바꿨다가 다시 제로로 만드는 중이다.*

(3) 방부제 백신

더 심각한 사례도 있다. 1988년 미국의 한 의사가 백신에 들어가는 수은 방부제가 소아들에게 자폐증을 유발한다는 논문을 발표한다. 수은과 방부제라니, 듣기만 해도 무시무시하지 않은가. 안 그래도 백신에 대한 의심이 꿈틀대던 시점이라 해당 논문의 발표는 시민들의 백신 거부를 본격화했다. 12년의 조사 끝에 논문의 데이터가 조작된 것이 밝혀지고, 해당 의사는 자격을 박탈당한다. 하지만 한 번 뿌리내린 의심은 사라지지 않았다. 시민들은 보건당국과 미국소아과학회를 압박했다. 결국 보건당국과 미국소아과학회는 항복을 선언한다. 그들은 제조사에 '혹시 모를 가능성'을 고려해 백신에 방부제를 넣지 말라는 권고를 내린다. 권고의 사전적 의미는 강제가 아니라 추천이다. 그러나 제조사가 이를 거절할 방법이 없다. 권고사항을 지키지 않으면 소비자에게 찍힐 것이 뻔한 상황에서 누가 버틸 수 있겠나.

---

* 현재 나오는 제로 소주의 경우 사카린보다 토마틴, 에리스리톨 등의 대체당을 사용하는 경우가 더 많다.

결국 제조사들은 백신에서 수은 방부제를 제거한다. 그래, 그럴 수 있지. 혹시 모르니까. 그런데 문제는 그렇게 간단히 끝나지 않았다. 백신 음모론자들이 이렇게 말하기 시작한 것이다.

"보세요. 우리가 옳았어요. 만약 방부제가 정말 안전했다면 왜 빼겠어요?"

빙고. 외통수다. 여전히 미국인의 3분의 1은 백신이 자폐를 유발한다고 믿으며, 아이의 예방접종을 강제하면 안 된다고 생각한다. 한국에서도 '안아키(약 안 쓰고 아이 키우기)'를 시작한 한 의사가 허위정보를 유포한 혐의로 처벌을 받고 자격을 박탈당했으나 여전히 그의 주장을 믿고 실천하는 사람이 많다. 혹시 모르니까.

*

한번 생겨난 불신은 사라지기 어렵다. 진실이 드러나기 시작해도 마찬가지다. 혹시 모르니까. 거기서 새로운 시장이 등장한다. 누군가는 이 불신을 이용해 돈을 번다. 불신 비즈니스는 1등이 되기는 어렵지만 포지션을 확보하기에는 충분하다.

유전자변형농산물GMO이나 글루탐산나트륨MSG 논란도 비슷하다. 거의 문제가 없으나 오직 비자연적이라는 이유로 배척당한다. 오해가 있음을 토로하고 문제를 바로 잡는 건 과학자들의 일이다. 이 책을 읽는 우리가 눈여겨볼 자세는 진실을 밝히는 쪽이 아니라 시장을 장악한 쪽의 것이다. 그리고 대중이 원한 길을 살펴봐야겠지.

우리는 타인이 이성적인 판단을 내릴 것이라 짐작한다. 하지만 두려움이 싹트면 이성은 제대로 작동하지 않는다. 불안은 영혼을 잠식한다. 어느 분야든 막상 그 분야에 뛰어들어서 살펴보면, 관행처럼 행해지는 일에는 다 그럴만한 이유가 있다. 그럴만하니 그런 것이다. 하지만 그걸 안다고 '아, 그렇구나' 하고 넘어가선 안 된다. 업계의 눈에 당연한 것이 소비자들에게도 당연할 것이라 생각하지 마라. 대중이 봤을 때 이해하기 어렵거나 모호한 구석이 있다면, 당신은 그 부분을 파고들어 상대를 제압할 수 있다. 같은 현상이라도 어디에 초점을 맞추고 어떻게 명명하느냐에 따라 결과는 완전히 달라질 수 있다.

11

데이터는 언제나 옳다

"데이터를 오래 고문하면 그 녀석은 어떤 말이든 한다."

_로널드 코스Ronald Coase

Quiz. 간호사, 백의의 천사!

정답이 바로 튀어나오지 않는 사람은… 아마 이 책에도 관심
이 없겠지. 이번 장의 주인공이기도 한 이 인물은 바로 플로렌
스 나이팅게일Florence Nightingale. 어쩌면 우리 모두가 이름을
알고 있는 유일한 간호사가 아닐까 싶다. 백의의 천사라는 별명
과 이름이 주는 이미지(플로렌스는 꽃의 도시, 나이팅게일은 노래를
잘 부르는 작은 새라는 뜻이다), 그리고 간호사에게 일반적으로 갖
는 편견이 합쳐져 사람들은 그를 따뜻하고 아름다운, 헌신적인
이미지로 기억한다.

나는 일생을 의롭게 살며 전문간호직에 최선을 다할 것을
하느님과 여러분 앞에 선서합니다.
나는 인간의 생명에 해로운 일은 어떤 상황에서도 하지 않겠습니다.
나는 간호의 수준을 높이기 위하여 전력을 다하겠으며,
간호하면서 알게 된 개인이나 가족의 사정은 비밀로 하겠습니다.
나는 성심으로 보건의료인과 협조하겠으며
나의 간호를 받는 사람들의 안녕을 위하여 헌신하겠습니다.

간호사의 윤리와 간호원칙을 담은 〈나이팅게일 선서〉 전문
이다. 구구절절 좋은 말이긴 한데, 사실 이 선서는 나이팅게일
이 쓰지도 않았고[*], 내용도 그의 성공 방식과는 무관하다. 물론
나이팅게일이 하나님께 계시를 받아 환자를 돌보고, 환자에 대
한 연민으로 헌신을 하긴 했지. 하지만 그러한 길을 걸은 훌륭
한 간호사들은 나이팅게일 이전에도 이후에도 많았을 것이다.
그렇다면 왜 하필 나이팅게일이 간호사의 상징이 되었을까?
한 직군의 상징은 절대 희생정신만으로는 되는 게 아니다. 나
이팅게일의 비밀, 그건 바로 데이터다. 정확히는 그의 설득 기
술이다.

---

[*]　1893년 미국의 간호학교 교수진들이 히포크라테스 선서를 참고해 초안을 작
성한 것이다.

나이팅게일 가족의 여름 별장 레아 허스트Lea Hurst. 지금도 방문할 수 있다.

간호사, 나이팅게일

나이팅게일은 1820년 부유한 영국인 부부의 딸로 태어났다. 이 부부는 신혼여행으로 3년간의 유럽 여행을 떠났다. 이탈리아 피렌체에서 둘째 아이가 태어났고, 아이 이름을 플로렌스라고 지었다. 서울 사는 김아무개가 제주도 1년 살기 중 아이를 낳고 이름을 김제주라고 지어준 셈이다. 나이팅게일은 부유한 가정 환경 덕에 여성임에도 좋은 교육을 받을 수 있었다.

당시에는 일하는 여성이 많지 않았고, 특히 귀한 집 자제일수록 좋은 가문으로 시집가는 것을 지상과제로 여길 때였다. 그런데 이 양갓집 규수가 돌연 간호사가 되겠다고 선언한다. 꿈에서 신에게 계시를 받았기 때문이란다. 가족들의 만류에도 그의 결심은 흔들리지 않았다. 한 귀족이 9년을 쫓아다니며 청혼했지만, 그는 간호사가 되어야 한다며 이를 단호히 거부했다. 나이 팅게일이 정말 신의 계시를 받았는지는 누구도 알 수 없겠지만, 핑계였을 지도 모르겠다. 사회생활을 하고 싶은데 여건을 살펴보니 신의 계시만큼 명확하고, 뜬금없이 할 수 있는 주장도 없었던 거지. 전날 잔 다르크의 전기를 읽었을 수도 있고. 구체적인 사정이야 어떻든 고백 공격도 피하고 얼마나 좋은가. 그러나 당시 사람들이 꺼리던 간호사라는 직업을 콕 짚어 택한 것을 보면 확실히 특별한 소명의식이 있었던 것 같다.

당시 사람들은 왜 간호사를 꺼렸는가? 정확히 말하자면 당시에는 병원 환경이 너무나 개판이어서 간호사뿐 아니라 병원에서 일하는 모든 직업이 인기가 없었다. 믿기 어렵겠지만 의사도 인기가 없었다. 어린 시절 의사가 꿈이었던 찰스 다윈은 이론 공부를 마치고 실습까지 나갔으나 극악한 위생에 충격을 받고 뜬금포로 생물학자가 되었다. 또한 당시 간호사는 전문 의료인이라기보다는 심부름꾼이나 잡부 정도로 여겨졌으며 주로 하층민의 일이었으니 더 기피 대상이었을 것이다. 지금으로 치면 간호조무사 직무와 더 비슷한 느낌으로 생각하면 된다. 아니, 간호조무사와도 다를 것이다. 앞서 말했듯이 당시 병원은 위생 상태가 엉망이었다. 바이러스나 세균에 대한 이해가 적었기에 비위생적이고 좁은 공간에 많은 환자들이 피를 흘리고 기침을 하며 뒤섞여 있었다. 그러니 당시 간호사의 업무 환경은 지금의 우리가 상상할 수 있는 것 이상으로 훨씬 더 고역이었을 것이다.

전쟁 영웅, 나이팅게일

나이팅게일이 이름을 알린 계기는 크림전쟁이다. 전쟁사가 아니니 자세한 건 넘어가자. 우리의 이야기에 필요한 포인트는 1853년부터 1856년까지 벌어진 이 전쟁이 러시아, 영국, 프랑스, 오스만제국 등 여러 국가가 참여한 일종의 국제전이었다는 것, 그리고 포탄과 철도 등 신기술이 도입된 최초의 전쟁 중 하나라는 것, 그로 인해 대규모 전사자가 최초로 발생한 전쟁이었다는 것이다. 간호사가 된 나이팅게일은 이 전쟁에 자원한다. 간호사 자체가 비인기 직업이었고, 전쟁터로 가겠다는 사람은 더 적었기에 군에서는 그게 누구든 지원자를 거절할 이유가 없었다. 심지어 귀족 가문 출신이고 말이지. 백의의 천사로 국가의 상징이 되기에 이보다 적합한 이가 있을까. 그렇게 나이팅게일은 전장으로 향한다.

당시 병원은 어디나 개판이었지만, 야전병원은 더 개판이었다. 지휘부가 의료의 중요성을 깨닫지 못했기에 병원은 뒷전이었다. 야전병원은 그냥 부상자가 죽어가는 공간에 불과했다. 전쟁에서 사람이 죽는 일은 어찌할 수 없다. 나이팅게일이 놀란 것은, 야전병원의 열악한 위생 환경으로 인해 전염병으로 사망하는 환자가 전투 현장의 전사자 보다 많다는 것이었다. 즉, 군의 가장 큰 적은 적군이 아니라 위생이었다. 나이팅게일은 군 당국에 병원 환경의 개선을 요구하며 그에 필요한 비용을 청구했다. 물론 군 수뇌부는 이 요구를 받아들이지 않았지만, 명문가 자제이자 영국군의 상징이 된 나이팅게일을 완전히 무시하기도 어려웠다. 그래서 그는 정해진 한도 내에서 병원을 개선할 수 있는 권한을 얻어낸다. 한마디로 '추가 예산은 못 주는데 있는 거 안에서 너 하고 싶은 대로 해봐'가 된 것이다.

그는 즉각 병원 환경 개선에 들어간다. 또한 무엇보다 중요한 작업을 병행한다. 바로 데이터 기록이다. 입원과 퇴원 현황, 회복 기간, 사망자 수, 사망 원인 등 모든 것을 철저히 정리했다. 환자를 보면서 이 모든 일을 처리하느라 밤늦게까지 불을 켜고 잔업을 해야 했으며, 늦은 밤까지 병원 구석구석을 오가는 그를 본 타임지 종군기자는 '등불을 든 여인'이라는 별명을 붙여줬다.

"병원에서 그녀는 한치의 과장도 없이 '섬기는 천사'였다. 복도 하나하나를 그녀의 가녀린 모습이 지날 때마다, 모든 이들의 얼굴이 그녀의 모습을 볼 때마다 감사의 마음으로 누그러졌다. 모든 의료진과 군의관들이 밤을 맞아 처소로 돌아가고 적막함과 어둠이 길게 누워 있는 병자들 위에 내려앉을 때면, 작은 등불을 그 손에 들고 홀로 순회를 돌고 있는 그녀를 볼 수 있었다."

기자의 글쓰기 버프도 있겠으나, 그가 고생한 것은 사실이다. 시간이 흐르자 그 노력이 가시적인 성과를 내기 시작했다. 나이팅게일이 처음 야전병원에 갔을 때는 입원하는 부상병의 60% 이상이 사망했다. 하지만 반년이 지난 후, 이 수치는 절반 이하로 떨어진다. 그는 이를 정리해 당국에 꼬박꼬박 보고했고, 군

(좌) 1860년의 나이팅게일. 그는 집안도 좋고 외모도 출중한 편이라 꽤 많은 고백을 받았으나 모두 거절하고 평생 독신으로 지냈다. (우) 1855년 신문의 삽화. 이외에도 등불을 든 여인을 그려낸 많은 자료가 남아 있다.

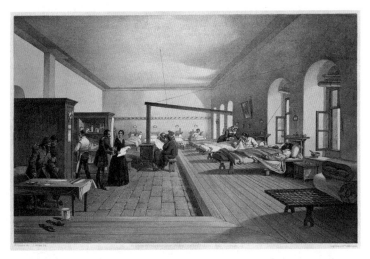

크림전쟁 당시 슈코더르 병원의 모습. 나이팅게일이 환자와 병상 배치 등을 확인하고 있다.

은 그를 전쟁지역 병원 전체 간호를 책임지는 자리에 올렸다.

데이터 과학자, 나이팅게일

전쟁이 끝난 후 나이팅게일은 국가적 영웅이 되어 있었다. 그는 자신이 기록한 데이터를 묶어 보고서를 만든다. 제목은 〈영국군의 건강, 능률, 병원 행정에 미치는 문제들에 관한 기록〉. 분량은 800쪽이 넘었다. 그리고 전체 보고서의 핵심 내용을 단한 장으로 정리했다. 바로 '사망원인 도표'다. 그래프 모양 때문에 '장미 도표'라고 부르기도 한다. 함께 천천히 살펴보자.

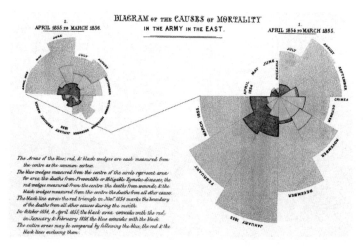

나이팅게일의 〈동부군 사망 원인 도표Diagram of the Causes of Mortality in the Army in the East〉.

양쪽에 둥근 그래프가 있다. 오른쪽의 큰 그래프가 1854년 4월부터 1년간 사망자를 월 단위로 나타낸 것이다. 안쪽의 분홍색이 부상에 의한 사망자, 검은색이 기타 원인에 의한 사망자, 외곽의 파란색이 전염병에 의한 사망자 수를 나타낸 것이다. 각 구역의 크기를 보면 사망자의 비율을 대략 파악할 수 있다. 4~7월은 본격적인 전투가 벌어지기 전임을 알 수 있다. 그런데 이때부터 이미 전염병에 의한 사망자는 폭증할 조짐이 보인다. 전투 이후에는 파란색 영역이 압도적이다. 전염병 사망자가 많다는 것을 단순히 말 또는 숫자로 들을 때보다 이 도표를 함께 보면 상황이 얼마나 심각한지 한 눈에 파악할 수 있다.

왼쪽의 작은 그래프는 나이팅게일이 병원 환경 개선을 시작한 이후인 1855년 4월부터 1년간의 사망자 그래프다. 그래프가 확 작아져서 배율이 다른 게 아닐까 싶겠지만, 놀랍게도 같은 배율이다. 파란색 영역이 크게 줄어들면서 배율 자체가 달라 보이게 된 것이다. 전염병 사망자가 획기적으로 줄어든 것이 한눈에 들어온다.

현장에서 일하다 보면 답답함을 느낄 때가 많다. 아주 당연한 요구인데 위에서는 엉뚱한 정책을 진행하거나 고질적인 문제를 개선하지 않는 경험이 다들 한 번씩 있을 것이다. 그리고 원래 그렇다는 식으로 대부분 그러려니 넘어간다. 세상에 나쁜 상사만 있겠는가? 윗사람들도 나름대로 열심히 일하겠지. 문제는 그들이 현장의 심각성을 정말로 모른다는 것이다. 현장에서는 너무 당연한 문제라 위에서도 알고 있겠거니 생각하지만 본인 업무가 아니면 그 당연한 걸 알기가 어렵다. 이런 상대를 이해시킬 때 데이터가 필요하다. 장미 도표처럼 데이터를 시각화한 다이어그램은 윗사람 설득에 탁월한 선택이다. 이렇게까지 보여줬는데 인식하지 못하는 리더라면 당장 옷 벗어야지.

PPT 발표로 단련된 오늘날 한국의 청춘들은 장미 도표가 별 것 아니라고 느낄 수도 있겠지만, 당시에는 이런 식의 데이터 정리는 혁신이라 할 만큼 새로운 것이었다. 나이팅게일은 간호사이자 통계학자였다. 그는 통계를 적극적으로 활용하고 다이어그램을 새로운 방식으로 사용한 공로로 영국 왕립 통계학회의 첫 번째 여성 회원이 됐고, 후에는 미국통계학회의 명예 회원이 되기도 했다.

간호사를 재정의하다

나이팅게일은 크림전쟁에서 얻은 풍토병을 일평생 달고 살았고, 많은 시간을 침대에 누워서 보내야 했다. 하지만 그는 침대에서도 자신의 계획을 차근차근 시행해 나갔다.

먼저 자신의 명성을 이용해 펀딩을 받아 최초의 근대식 간호학교와 부속병원을 설립한다. 당시 유럽에서는 나쁜 공기와

말년의 나이팅게일. 전쟁에서 얻은 병으로 인해 여생 대부분을 침대에서 보내야
했다. 하지만 자신의 목표를 이루기에는 충분했다.

악취가 전염병을 일으킨다는 것이 일반적인 믿음이었고[*], 나이
팅게일 역시 이 가설을 믿었다. 그렇기에 그는 자신이 운영하는
병원의 공기를 깨끗하게 유지하기 위해 창문의 위치와 크기, 환
기시설 등을 중시했고, 환자 간의 거리도 넓게 유지했다. 나이
팅게일이 믿은 나쁜 공기 가설은 이후 틀린 것으로 밝혀졌지만
(전염병은 세균, 바이러스 등 미생물로 전파된다), 어떤 식으로
든 병원 환경이 개선되면 환자의 치료에는 큰 도움이 되므로 그

---

[*]　미아즈마Miasma 이론. '미아즈마'라는 나쁜 공기가 병을 옮긴다는 생각.
2500년 전 히포크라테스가 처음 주장한 것으로, 근대까지도 일반적인 믿음이었다. 19세
기 후반이 되어서야 루이 파스퇴르, 로베르트 코흐 등의 연구를 통해 감염병이 미생물을
매개로 전파된다는 것이 밝혀진다. 나이팅게일이 활동하던 때는 두 가지 의견이 맞서던
때였다.

의 실험은 성공적이었다. 그는 수집한 데이터를 기반으로 자신의 정책을 계속 수정 보완했으며, 이를 정치권에 알리는 작업도 소홀히 하지 않았다. 현재 대부분 국가가 병상 간 이격거리, 간호사 1인당 환자 수 등을 제한하고 있는데, 이러한 제도의 적립이야말로 나이팅게일이 남긴 진정한 유산이라 할 수 있다.

우리는 마치 보모와 같이 환자를 돌보는 나이팅게일의 모습을 흔히 떠올린다. 하지만 실제 그의 모습은 행정가에 가까웠다. 전장에서 밤새 등을 켰던 이유는 주로 행정 업무 처리였다. 말년에는 환자는 고사하고 자기 몸 건사하기도 힘들었다. 하지만 부족함 없이 자란 덕분인지 주변의 눈치를 보지 않고 과감하게 결단했고, 자신이 그리는 대로 개혁의 칼날을 휘둘렀다. 그리고 그 결단과 개혁은 성심껏 환자를 돌보는 것과는 다른 방식으로 훨씬 많은 환자를 살려냈다.

흥미로운 것은 그렇게 시스템을 강조한 나이팅게일이 막상 간호사에게 자격증을 주는 면허제도에 대해서는 그다지 호의적이지 않았다는 것이다. 그는 신의 계시를 받고 종교적 이유로 간호사 업무에 뛰어든 사람이었기에 간호사의 사명감을 중요하게 여겼다. 그래서 법적인 자격은 부차적인 것으로 여겼고, 오히려 그런 절차가 사명감을 줄인다고 생각해 끝까지 반대했다. 간호사 면허제도는 나이팅게일의 사후에 제자였던 에셀 고든 펜윅Ethel gordon fenwick에 의해 만들어졌다. 이런 역사를 알고 보면, 간호사 자격을 취득하면서 나이팅게일 선서를 하는 것은 왠지 아이러니한 측면이 있다. 스승이었던 나이팅게일을 은근히 멕이는 거 같기도 하단 말이지. 하긴 신의 명령을 받았으면서 영감이 아니라 데이터 분석에 중점을 둔 것 자체도 아이러니하지만.

데이터는 종종 옳지 않지만 항상 옳다

나이팅게일 이후 한 세기가 지났으나 데이터를 주장의 근거로 활용하는 것은 여전히 효과적인 방식이다. 정확히 말하면 시간이 지날수록 더 중요해졌고, 아마 앞으로는 더더욱 중요해질 것이다. 나이팅게일처럼 많은 데이터를 일목요연하게 정리하는 능력이 있다면 더 좋겠지. 프롤로그에서도 말했지만 요즘 사람들은 모든 자료를 보고 판단할 시간이 없다.

물론 지금은 데이터를 사용하는 것이 기본이 되어서 데이터를 사용한다고 무조건 성공하진 않는다. 다만 데이터는 당신의 글이나 발표가 부족해 보이지는 않게 도울 것이다. 나 역시 강연을 하거나 글을 쓸 때 주장에 신뢰가 안 생긴다 싶으면 관련 데이터를 찾아서 덧붙이곤 한다. 원하는 데이터가 항상 있냐고? 놀랍게도 무조건 있다. 세상에는 정말 수없이 많은 데이터가 존재하며, 당신이 지구가 평평하다는 주장을 하지 않는 이상 뒷받침할 데이터는 언제나 준비되어 있다. 아니, 지구가 평평하다는 주장을 한다 해도 적당한 데이터가 존재할 것이다.

1991년 노벨경제학상 수상자인 로널드 코스는 일찌감치 이런 말을 남겼다.

"데이터를 오래 고문하면 그 녀석은 어떤 말이든 한다."

그렇다. 그리고 고문해서 얻어낸 데이터를 맥락에 맞춰 집어넣으면 말도 안되는 궤변도 제법 그럴듯해 보인다. 이렇게 잘 아는 내가 나이팅게일처럼 성공하지 못하는 이유는 1장으로 정리하지 못하고 장황한 300쪽의 글을 쓰고 있기 때문이겠지.

어느새 과학은 이 불신의 시대에 유일하게 믿을 만한 무엇이 되었다. 부처님, 예수님 말은 못 믿어도 과학적으로 입증됐다고 하면 모두가 아멘을 외친다. 심지어 유사과학도 체리피킹한 데이터나 가짜 데이터를 증거랍시고 들이밀며 과학적인 척을 한다. 사이비 과학도 과학에 명성을 기대다니 사이비 과학에 실망이 이만저만이 아니다. 그들만 그런 것도 아니다. 한글이나 한의학처럼 전통적으로 우리가 가지고 있던 무언가의 우수성도 과학으로 입증해야 간신히 의미를 갖는다. 과학이 주는 권위가 그만큼 막강해졌다.

챗GPT의 등장 이후 종종 생성형 인공지능과 시간을 보내는데, 정말 그럴듯한 답을 내놓는다. 그리고 나보다 더 좋은 글을 써낸다. 이 유능한 친구의 밑바탕은 그동안 인류가 남긴 데이터다. 사람을 토대로 사람을 목표로 했으니 사람 같은 답변을 하는 거지. 인공지능 시대의 핵심은 결국 데이터인 셈이다. 괜히 우리가 앱 하나 쓸 때마다 수많은 동의를 하는 것이 아니다.

데이터는 사회의 많은 부분을 최소한 표면적으로 과학적인 양 보이게 만들었다. 제목에서 '데이터가 언제나 옳다' 말했지만 그럴리가 없다. 사실 틀린 경우도 많다. 세상에는 언제나 신기록이 등장하고, 유례없는 일이 일어난다. 진짜 위대한 일은 데이터로 설명되지 않는다. 하지만 데이터는 평균적으로 옳기 때문에 우리는 데이터를 신뢰할 수밖에 없다. 데이터가 장악하는 범위는 갈수록 넓어지고 있고, 그 성과 역시 수치로 드러난다. 사람들이 데이터에 갖는 신뢰는 더 깊어질 것이다. 그리고 그 반작용으로 개인의 유례없는 도전은 점점 더 어려워지겠지. 그러니 미래의 어느 시점에서, 데이터는 언제나 옳다.

12

명품의 가치

"좋다고 다 갖고 싶은 것은 아니었다.
하지만 갖고 싶지 않다고 마다할 이유도 없었다.
좋다는 것은 그런 뜻이다."

_이혁진 소설 《사랑의 이해》 中

"넌 '롤렉스Rolex'를 '카시오Casio'로 바꾼 거야."

싱어송라이터 샤키라Shakira가 2022년 발표한 곡 〈BZRP Music Sessions 53〉에 들어간 가사다. 사연은 이렇다. 샤키라는 축구선수 제라르 피케Gerard Piqué와 2011년부터 10년 넘게 연인으로 지냈다. 법적인 부부는 아니었지만, 슬하에 아들을 두었으니 사실상 부부나 다름없었다. 그런데 2021년 피케가 바람이 난 것이다. 분노한 샤키라는 본업을 살려 이 디스곡을 발표했다.

이 곡에서 그는 자신을 명품—롤렉스—에, 피케가 새로 만난 여성을 싸구려—카시오—에 비유한다. 카시오 입장에서는 참으로 안타까운 비유가 아닐 수 없다. 이 곡에는 이외에도 "나

피케와 샤키라의 행복했던 시절.

는 네 수준으로는 넘볼 수 없는 여자였어. 지금 네가 수준 낮은 그 애와 함께 있는 게 그 때문이지", "넌 헬스장에서 오랜 시간을 보내던데, 머리 쓰는 훈련도 좀 하도록 해" 등의 디스도 들어 있다.

피케는 "카시오는 좋은 시계고 평생 사용할 거야"라는 트윗으로 답했다. 물론 그의 말대로 카시오는 가성비가 훌륭한 좋은 시계이고, 그의 대답 센스가 나쁘지는 않았다고 생각하지만, 얼떨결에 카시오가 된 새 연인의 기분이 유쾌할진 모르겠다. 어쨌든 사람들은 카시오보다는 롤렉스를 훨씬 좋아하니까. 손목에 찬 시계에서 슬쩍 왕관이 보인다면 절로 고개가 끄덕여질 것이다. 당연하지. 근데 왜 당연한 거지?

*

롤렉스, 명품 시계의 대명사. 사실 롤렉스보다 비싼 시계도 많다. 온라인에 돌아다니는(대체 누가 만드는 건지 모를) 소위 '시계 계급도'를 보면 롤렉스는 다섯 계급 중 세 번째에 속해 있다. 하지만 롤렉스보다 상위에 있는 그 어떤 브랜드도 롤렉스만큼의 명성을 가지고 있지는 않다. 롤렉스는 명품 시계 그 자체다. 오바마도 롤렉스를 차고 트럼프도 롤렉스를 찬다. 이정재도 차고 블랙핑크도 찬다. 대기업 회장도 차고 스타트업 대표도 찬다. 그러니까 시계에 관심이 없다면 모르겠지만, 시계 좀 찬다면 롤렉스가 기본이다. 당신이 아는 어떤 분야의 셀럽이든 롤렉스와 함께 검색한다면 최소 사진 한 장은 건질 수 있다. 심지어 자본주의 저항의 상징 체 게바라Che Guevara조차 롤렉스를 찼다. 1967년 볼리비아에서 게릴라 활동을 하다 체포되어 총살당한 그의 주머니에서는 '서브마리너Submariner'* 두 개가 있었다.

　롤렉스가 사업을 시작한 1905년에는 끈을 달아서 주머니에 넣고 다니는 회중시계를 더 많이 사용했다. 손목에 착용하는 시계는 장식적으로 여겨져 상남자들은 즐기지 않았고, 롤렉스 역시 회중시계로 시작했다. 그러나 산업화 등 시대의 변화 속에 롤렉스는 손목시계라는 새로운 시장에 빠르게 진입했다.

　손목시계의 확산 계기는 전쟁이었다. 전쟁 규모가 거대해지고 여러 전선에서 동시에 작전을 벌이는 경우가 늘어났으며 시

---

*　　롤렉스가 1953년 발표한 손목시계. 잠수함이란 뜻으로 수중 100m 아래에서도 완벽한 방수를 자랑하는 최초의 다이버 시계다.

지금도 청바지에서 종종 볼 수 있는 주머니 속 주머니. 원래 회중시계를 담는 '워치포켓watch pocket'
이었다. 청바지가 대중화되던 20세기 초에도 회중시계가 보편적이었음을 알 수 있다.

A Time For Revolution

Whether affecting social change in Central America or lunching with his friend Salvador
at La Moneda in Santiago, Ernesto "Che" Guevara relies on his Rolex Submariner,
a timepiece which has earned its reputation for rugged reliability in all situations.

ROLEX

Officer's Kit for the Front.

Luminous wrist watch with unbreakable glass.
Revolver.
Field glasses.
Periscope.
Compass and Service Protractor.
Army Book 153, with pencils.
Man's mess tin and good pocket flask.
Water bottle.
Wire cutters.
Map case (waterproof).
In Pack and Haversack.
Burberry (fleece lined).
Waterproof sheet.
One change of boots.
Socks.
Washing and shaving things.
Towel.
Electric torch and refills.   (Put refills in valise.)
Writing materials.
Matches.
Candles.
Pipe lighter.
Tommy's cooker, with refills.
Knife, fork and spoon (combined).
Iron ration.
Clasp knife.
Valise (waterproof).
One change of khaki.
Two changes of underclothing.
Flea bag.
One suit of pyjamas.
One pair of canvas shoes.
Cap comforter.
Woollen waistcoat.
Large lined waterproof gloves.
Corkscrew } if not on knife.
Tin opener
Holdall.
Pocket medicine case.
Sam Browne belt.
Trench boots (waders) are now issued, so that it is no
longer necessary to take them out.
177

광고 문구는 '혁명을 위한 시간'. 공산주의자에게도
시계를 파는 위대한 자본주의.

제1차 세계대전 당시 군인들의 물품 목록.
손목시계가 가장 위에 적혀있었다.

간은 그 어느 때보다 중요했다. 사용이 편리한 손목시계의 진가
가 드러나기 시작한 것이다.

　그런 면에서 공산주의 혁명가 체 게바라가 자본주의 최정점
의 명품 시계를 찬 것을 약간은 변명할 수 있을 것 같다. 그는 일
평생 게릴라로 전투를 치렀기에 고장 없고 정확한 시계가 필요
했다. 롤렉스는 충전도 따로 필요 없고, 고장도 잘 나지 않는 것
으로 유명했으니까. 하지만 세상에 그 정도 기능을 하는 시계는
많다. 우리가 일상에서 사용하는 평범한 시계들도 대부분 그런
기능을 가지고 있을 것이다. 그런데 어떻게 롤렉스만 명품 이미
지를 획득하고 사람들에게 믿음을 줄 수 있었을까? 어떻게 혁
명가까지 롤렉스의 명성을 알고 있었을까?

명품은 어떻게 만들어지는가

　1927년, 영국 수영선수 메르세데스 글리츠Mercedes Gleitze가
여성 최초로 도버해협*을 수영으로 건너겠다고 선언했다. 도버
해협은 최소 폭이 34km로 수영으로 건너려면 10시간이 넘게
걸리는 거리다. 그의 도전 소식은 곧 전 세계로 퍼져나갔다. 기
자들은 글리츠가 도전에 성공하는 순간을 촬영하기 위해 도착
점에서 카메라를 펼치고 대기하고 있었다. 그가 마침내 10시간

＊　　　영국과 프랑스 사이의 바다.

의 대장정을 마치고 육지에 발을 내디딜 때, 기자들은 연신 셔터를 눌러댔다. 그의 손목에는 롤렉스가 채워져 있었다.

기가 막힌 마케팅이었다. 당시 롤렉스는 방수 기능에 공을 들이고 있었고, 대표 모델이 '오이스터Oyster'였다. 롤렉스는 글리츠를 전격 후원하면서 손목에 오이스터를 슬쩍 채웠다. 다음날, 신문은 글리츠의 도버해협 횡단으로 떠들썩했고, 해당 기사 바로 옆에 롤렉스의 전면 광고가 실렸다.

> "세계 최초로 도버해협을 건넌 위대한 여성,
> 롤렉스가 그 여정을 함께 했습니다."

마치 건강 프로그램 다음 방영되는 홈쇼핑에서 건강식품 홍보가 나오듯 영웅의 성공 뒤에 롤렉스가 나왔다.

제품에 자신이 있다면 홍보를 할 때 굳이 편법을 쓰지 않아도 된다. 그런 면에서 롤렉스는 다른 이야기에서 등장한 인물이나 제품보다 유리한 측면이 있다. 어쨌든 성능이 좋으니까.

그러나 세상에는 쉬운 길보다 더 쉬운 무빙워크도 있는 법. 우리가 방수 기능을 홍보한다고 해보자. 방수 등급이 얼마고, 몇 미터까지 방수가 되고, 기능적으로 얼마나 훌륭한지 자랑할 수 있다. 나쁜 방식은 아니다. 해당 기능을 필요로 하는 소비자들은 충분히 검색해 보고 물건을 구입할 것이다. 하지만 더 화끈한 방법이 있다. 바로 그 시계를 수영선수에게 채워버리는 것이다. 그러면 길게 설명하지 않아도 누구나 그 시계의 장점을 단번에 알아챈다. 만약 그 수영선수가 최초로 도버해협을 횡단하는 여성이라면 금상첨화다. 방수 기능에 관심이 없는 사람들조차 그 시계를 사려고 줄을 서게 될 것이다.

롤렉스는 지금까지도 이 방식의 마케팅을 즐겨 사용하고 있다. 그들은 이제까지 전 세계의 탐험가들을 앞장서서 후원했다. 1953년, 탐험가 에드먼드 힐러리Edmund Hillary와 셰르파 텐징 노르가이Tenzing Norgay가 8,848m의 에베레스트 최고봉 등반에 인류 최초로 성공했을 때, 그들의 손목에는 롤렉스가 채워져 있었다. 1960년에는 미 해군 돈 월시Don Walsh 중위와 스위스 출신의 해양학자 자크 피카르Jacques Piccard가 잠수정 트리에스테Trieste를 타고 바닷속 가장 깊은 곳인 마리아나 해구Mariana Trench로 내려가 10,916m 깊이에 도달했다. 깊이도 깊이지만 해당 지점의 압력은 지상의 1,000배가 넘는다. 잠수정 안에는 시계가 설치되어 있었는데 그 깊은 곳의 높은 압력 속에서도 정상 작동했다. 역시 롤렉스였다. 롤렉스는 오지 탐험가에게도 보트를 타는 선수와 카레이서에게도 자신들의 제품을 채웠다. 그리고 그들이 업적을 이룰 때마다 당연히 광고가 따라붙었다. "XXX의 모험에 롤렉스가 함께 합니다."

왜 필요 이상의 성능이 필요한가?

유명인이 특정 제품을 착용하는 것은 그 자체로 홍보 효과가 크다. 나도 내 책이 BTS 뮤직비디오에 살짝 걸렸으면 좋겠다는 애틋한 바람을 5년째 가지고 있다. 팬들은 자신이 사랑하는 스타와 같은 제품을 사용함으로써 애정을 표현하고 일체감을 느낀다. 인플루언서 마케팅이 괜히 있는 게 아니다. 이에 더해 롤렉스는 단순한 유명인이 아닌 극한 환경에서 활동하는 인류의 영웅들을 후원하면서 제품을 더 눈에 띄게 만든다.

곰곰이 생각해보면 이상한 일이다. 인류 대다수는 10시간 동안 바다를 수영할 일도 없고 에베레스트를 등반하지도 않는다. 오바마도 트럼프도 바이든도 영화 속 대통령처럼 전투기를 몰지 않고, 블랙핑크야 격한 안무를 자랑하지만 심해만큼의 압력을 받지는 않을 것이다. 체 게바라 역시 험한 곳을 누볐으나 다이빙을 해서 수중 100m로 내려가진 않았다. 일반인들은 더 말할 것도 없다. 그런데 왜 사람들은 필요도 없는 기능을 갖춘 시계를 욕망할까? 기능을 포기하면 가격도 저렴해질 텐데.

물론 우리는 답을 알고 있다. 스마트폰을 떠올려보라. 매년 최고 사양의 아이폰과 갤럭시 제품이 발매되어도 우리 모두가 무조건 가장 최신 기종의 휴대폰을 필요로 하지는 않는다. 그런데도 사람들은 2년에 한 번씩 휴대폰을 바꾼다. 현재 스마트폰에 사용되는 메인 칩은 아폴로 우주선을 쏘아올릴 때 나사NASA가 사용하던 프로세서보다 성능이 좋다. 그런데 우주선 발사는 고사하고 대화창에 이모티콘이나 발사할 따름인 우리 회사 부장님도 2년에 한 번씩 최신형 갤럭시를 구매한다.

사람들은 최고를 원한다. 대체 왜? 모르겠다. 그건 심리학자

도버해협 횡단과 에베레스트 정복을 이용한 과거와 현재의 광고들.
일회성 광고를 넘어 브랜드 이미지를 만드는 데 적극 활용해 왔다.

한테 가서 물어보시고, 우리에게 중요한 건 사람들이 그런 '오 버스펙'을 원한다는 사실 그 자체다. 내 제품이 멋진 기능을 갖췄다면 이를 과시해야 한다. 그러니 스마트폰 회사는 유명 감독에게 스마트폰으로 영화를 찍게 하고 롤렉스는 탐험가를 오지에 보낸다. 사람도 마찬가지다. 일상에 별 도움 안 되는 지식, 도움 안 되는 근육, 도움 안 되는 패션…. 결국엔 그게 다 도움이 된다. 롤렉스는 이 사실을 진즉에 깨닫고 브랜드 초창기부터 100년 가까이 이런 홍보 전략을 이어가고 있다.

소위 말하는 가성비 시장에서는 불필요한 기능을 줄여 가격을 낮추는 것이 중요하다. 하지만 명품은 다르다. 명품 시장에서는 낮은 가격이 차별 요소가 아니다. 그러니 가격이 오르더라도 제작에 공을 들이는 것이 더 중요하다. 일부 명품 브랜드에서 굳이 바느질까지 장인에게 맡겨 한땀한땀 만드는 청승을 부리는 데는 다 그럴 만한 이유가 있는 것이다. 그런 면에서는 오히려 롤렉스의 가성비가 뛰어난 편이라 볼 수도 있다. 더 높은 등급의 시계보다 더 극한 환경에서 적응하니 말이다.

이쯤에서 앞서 인용한《사랑의 이해》속 구절을 다시 보자.

좋다고 다 갖고 싶은 것은 아니었다.
하지만 갖고 싶지 않다고 마다할 이유도 없었다.
좋다는 것은 그런 뜻이다.

소설에서야 사랑의 조건을 말한 거지만, 명품도 다르지 않다.

소설에서 말하는 좋다는 것은 흔히 연애에서 말하는 좋은 것, 벌이가 좋고 외모가 좋고 성격이 좋은 것과도 상통한다. 여기서 좋은 것을 명품으로 대치해보자.

명품이라서 다 갖고 싶은 건 아니다.
하지만 갖고 싶지 않다고 해서 마다할 이유도 없다.
명품이란 그런 것이다.

필요하지 않아도 갖고 싶은 것. 누가 준다고 하면 절대 마다할 이유가 없는 것. 훌륭한 통찰 아닌가. 그런 이미지를 획득한 브랜드만이 명품이 된다.

명품이라는 마케팅

명품 이야기를 하고 있으니 추가하자면, '명품'이라는 명칭 자체도 마케팅의 결과다. 진정 성공적인 마케팅은 소비자로 하여금 그것이 마케팅인지도 모르게 한다. 명품이 대표적인 예다.
한국은 세계 명품 브랜드의 7대 소비국 중 하나다. 2022년 기준으로 총 소비량은 168억 달러, 1인당 소비금액은 325달러다. 1인당 소비금액으로만 따지면 흔히 명품 소비가 많다고 알려진 미국(280달러)이나 중국(50달러)보다 높은 압도적 1위다. 최근 명품 브랜드들이 K팝 스타 등 한국인 모델을 기용하는 경우가

여전히 필요 이상의 기능을 홍보하는 롤렉스의 광고. 여전히 효과적이다.

잦아졌는데, 이는 우리 문화력의 위상을 보여주는 동시에 한국 명품 시장이 그만큼 커졌음을 뜻한다.

한국 사람들의 명품 선호에는 다양한 이유가 있을 것이다. 타인의 시선을 신경 쓰는 문화와 동아시아 특유의 집단주의 성향을 꼽는 전문가들도 있다. 그런데 이건 중요하지 않다. 집단주의 성향 때문에 모두가 명품을 피할 수도 있다. 중요한 대목은 명품이 어떻게 대중적인 선호를 얻게 되었는가 하는 점이다.

1995년, '루이비통코리아'의 홍보담당 직원 손주연 씨는 프랑스 본사의 보도자료를 두고 고민에 빠진다. 해외에서는 우리가 말하는 명품을 '럭셔리Luxury'라고 부른다. 럭셔리를 한국어로 직역하면 '사치품'이 된다. 그런데 사치품이라고 하면 왠지 돈이 넘치는 사람들이나 사는 물건, 진짜 중의 진짜 부자여야 사는 물건 같단 말이지. 눈에 너무 띄는 것은 좋아하지 않는 한국인들이니 그런 이미지의 물건을 사용하는 것은 피할 것이다. 졸부 느낌 때문에 살 능력이 있는 사람도 구입을 꺼리게 된다. 고민하던 그의 눈에 띈 게 '명품名品'이라는 표현이다.

명품, 표준국어대사전에 따르면 '뛰어나거나 이름난 물건'. 여기에는 거장이 만든 훌륭한 물건이라는 함의가 있다. 그는 사치품 대신 명품이라는 표현을 사용하기로 결정한다. 비싼 물건이 아니라 가치 있는 물건이라는 이미지를 부여한 것이다. 이 전략이 효과를 보자 다른 브랜드들도 따르기 시작했다. 이전에도 명품이라는 표현을 사용하기는 했지만, 이때부터 그 의미가 공고화된다. 이제 명품은 럭셔리 브랜드를 완전히 대체했다.

1990년대까지만 해도 우리 국민들은 고가 패션 브랜드 제품을 사치품으로 여겼다. 이런 물건을 사용하는 것은 당연히 상류층 일부였으며, 구매 사실만으로 비난을 받기도 했다. 하지만 2000년대 이후 사치품은 명품이 되었다. 사치품을 둘렀다고 하면 품격이 떨어지는 졸부 같지만, 명품을 둘렀다고 하면 품격이 올라가는 느낌적인 느낌이 든다. '명품을 한두 개 가지고 있으면 언제든 요긴하게 쓸 수 있다'는 조언이 어느새 익숙해졌다. 사치품으로 불리던 시절의 주 고객은 상류층 중에서도 일부였지만, 명품이라 불리자 갑자기 모든 이가 고객이 되었다. 사람들은 돈을 모아 명품을 산다. 왜냐하면 나의 가치를 올려주기 때문에. 이제는 번화가에서 고가 브랜드를 보는 것이 전혀 이상하지 않다. 고가 제품이 과거에는 돈 자랑 수단처럼 보였다면, 이제는 안목을 자랑하는 물건이 된 것이다. 이는 수치로도 드러난다.

통계청의 2020년 조사에 따르면, 20세부터 49세의 조사 인원 중 1년 동안 1회 이상 명품을 구입한 인원이 전체의 45%에 달한다. 명품은 통상적인 제품들보다 오래 쓴다는 점을 감안하면 45%는 꽤 높은 수치다. 올해 구매하지 않았지만 작년에 샀거나 내년에 살 사람들이 있을 테니까. 명품은 이제 누구나 살 수 있는 물건이 되었다.

〈대학내일20대연구소〉가 15세에서 34세 청년들을 대상으로 진행한 실태조사에서 이 경향을 더 자세히 알 수 있다. 명품을 구입하지 않은 이들에게 "왜 명품을 구매하지 않았느냐?" 질문하자, 65%가 "금전적 여유가 없기 때문에"라고 답했다. 한마디로 돈이 생기면 사겠다는 거다. "주변에서 나를 사치하는 사람으로 볼까 봐 사지 않았다"라는 답변은 9%에 그쳤다. 같은 조사에서 응답자의 72%는 "명품 하나쯤은 있을 법하다" 응답했고, "명품 구매를 과소비라고 생각한다" 답한 인원은 34%에 그쳤다. 이름 하나 바꼈을 뿐인데 사람들은 더이상 고가 브랜드를 사치품이라 생각하지 않는다.

이런 인식 변화가 꼭 달라진 이름 때문만은 아니겠지만, 그 역할이 상당했을 것이라 확신한다. 명칭이 바뀐다고 물리적 변화가 생기거나 품질이 좋아지진 않는다. 하지만 제품의 인식이 변하게 되면 이는 판매량과 직결된다. 나 역시 사치품을 살 생각은 없지만, 명품이라면 하나쯤 갖고 싶으니까.

최근 1년 내 명품 구매 경험(20~49세 대상)

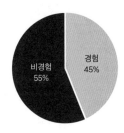

비경험
55%

경험
45%

명품 비구매 이유(중복응답, %)

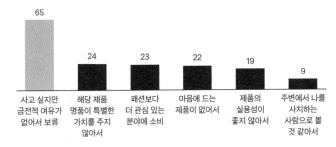

65	24	23	22	19	9
사고 싶지만 금전적 여유가 없어서 보류	해당 제품 명품이 특별한 가치를 주지 않아서	패션보다 더 관심 있는 분야에 소비	마음에 드는 제품이 없어서	제품의 실용성이 좋지 않아서	주변에서 나를 사치하는 사람으로 볼 것 같아서

13

섞으면 새로워진다

"과거 어느 때보다 편집자가 중요한 세상이다."

_스티브 잡스

하늘 아래 새로운 것은 없다.

수없이 들어본 말일 것이다. 이 말이 어디에서 처음 나왔는지 아는가? 성경이다. 그것도 구약성경*. 정말 오래전부터 사람들은 이런 말을 했다. 성경 역시 여기저기 쓰인 말을 모은 것이라는 걸 감안하면 그 이전부터, 어쩌면 인류라는 종의 DNA에 저 말이 새겨져 있을지도 모르겠다. 물론 많은 성경 말씀이 틀렸듯이 저 말도 틀렸다. 새로운 게 없긴 왜 없어. 저 글을 쓴 이가 현대인이 살아가는 모습을 본다면 너무 많은 것이 새로워 까무

---

* 　전도서 1:9 이미 있던 것이 후에 다시 있겠고 이미 한 일을 후에 다시 할지라, 해 아래 새것이 없나니.

러칠 것이다. 하지만 2000년 전이나 지금이나 각자의 삶의 반경 내에서는 모두가 비슷비슷한, 그다지 특별하지 않은 삶을 살아 간다.

물론 우리가 하늘 아래 새로운 게 없다며 한탄하는 이 와중에도 수많은 신제품이 쏟아진다. 그것들이 본질적으로는 새롭지 않다고 말할 수도 있지만, 어쨌든 어떤 제품들은 사람들의 시선을 끌고 선택을 받는다. 그러면 우리는 어떻게 하면 새로운 것 없이 새로워 보이는 무언가를 만들 수 있을까? '소프트뱅크Softbank' 손정의孫正義 회장의 일화를 통해 그 힌트를 찾아보자.

홀로 미국으로 떠나온 손정의는 힘든 생활을 하고 있었다. 집에서 보내주는 생활비로는 겨우 학비만 낼 수 있었고 그는 살기 위해 돈을 벌어야 했다. 그는 '발명 특허를 취득해서 기업에 큰돈을 받고 팔겠다' 계획을 세운다. 벌써 현실감 없게 들리지만, 아무튼 목표를 세웠다고 하니 조금 더 따라가 보자.

특허를 내려면 필요한 것은? 일단 아이디어가 있어야지. 그런데 아이디어는 툭 하고 그냥 나오나? 좋은 아이디어를 내려면 당연히 시간이 필요하다. 하지만 그에게는 시간이 없었다. 그래서 그가 생각한 것이 단어 카드였다. 아이들이 언어를 배울 때 사용하는 것처럼 카드마다 단어를 적었다. 컴퓨터, 커피, 전기, 친구, 가족 뭐 이런 식으로. 그는 일상적으로 사용하는 단어 300여 개를 적은 카드 세트를 만들고, 매일 아침 무작위로 3장의 카드를 뽑았다. 그렇게 뽑은 3개의 단어를 조합해 5분 안에

(좌) 가운데, 버클리 대학 시절 손정의. (우) 소프트뱅크 회장이 된 손정의.

발명 아이디어를 만들었다. 가령 '스마트폰', '스피커', '컵'을 뽑았다면(지금 내 눈앞에 있는 물건들이다), '스마트폰으로 조절할 수 있는 블루투스 스피커를 내장한 컵', '컵에 든 물의 양에 따라 음의 진동이 달라진다' 이런 식으로 마구잡이로 아이디어를 내는 것이다. 구리다고? 방금 지어낸 건데 당연히 구리겠지. 손정의의 아이디어들 역시 대부분은 시원찮았을 것이었을 거다. 그러나 그는 매일 5분씩 무려 1년을 반복했다.

어느 날 아침, 그는 '사전', '액정화면', '신시사이저(synthesizer, 음성발신기)'를 뽑았다. 그리고 5분 뒤에 나온 아이디어가 바로 '전자사전'이다. 과거 종이사전을 써 본 사람들은 공감할 텐데, 종이사전에는 크게 두 가지 문제가 있다. 하나는 찾기 어렵다는 것이고, 또 하나는 발음을 정확하게 알 수 없다는 것이다. 발음 기호는 적혀있지만 내가 읽는 게 맞는지 확신이 들지 않는다. 전자사전은 이 단점들을 모두 커버할 수 있다. 그럴듯한 아이디어가 나왔으니 이제 진짜를 만들어야 한다. 손정의는 당시 자신의 학교 공대 교수였던 포레스트 모저Forrest Mozer를 찾아간다. 그리고 다짜고짜 협상을 시작한다.

"교수님, 도와주세요. 아이디어는 있지만 돈도 시간도 기술도
부족합니다. 협상 같은 건 좋아하지 않아요. 수당은 교수님께서
정하세요. 특허가 팔리면 바로 정산하겠습니다. 대신 개발에 실
패하면 드릴 돈이 없어요."

홍미를 느낀 교수는 이 무대포 제안을 받아들인다. 그리고
1년 후, 그들은 시제품을 만드는데 성공하고 특허도 출원한
다. 손정의는 시제품을 들고 일본으로 향한다. 그리고 수십 개
의 회사에 무작정 방문해 세일즈를 벌인다. 결국 이 특허를 산
곳은 '샤프Sharp Corporation'였다. 샤프는 기술을 사는 조건으
로 2,000만 엔(약 2억 원)을 제시했다. 그리고 일·영 외 다른 언
어 기능도 개발해줄 것을 요청했다. 1년 후 1979년 샤프에서
전자사전의 시초라 할 수 있는 'IQ-3000'이 나온다. 손정의와
모저 교수가 이 프로젝트로 벌어들인 수익은 총 1억 엔(10억
원)이 넘었다. 유학비는 채우고도 남았다. 손정의가 21살 때
일이다.

섞어라, 성공할 것이다

익숙한 것을 섞는 것은 새로움을 창조하는 유용한 방법 중
하나다. 이 일화가 특별한 이유는 아이디어를 얻는 포인트가
교과서에 쓸 수 있을 정도로 단순하다는 거겠지. 그리고 언제

IQ-3000의 광고.

나 그렇듯이 단순한 것은 효과적이다. 손정의의 단어 카드는 아이디어를 줌과 동시에 제약으로도 작동하는데, 의외로 창의성은 완전히 자유로울 때보다 적당한 제약이 있을 때 더 폭발적으로 발휘되는 경향이 있다. 이는 제한된 환경이 우리에게 새로운 방식을 찾도록 강요하는 기폭제가 되기 때문이다. 가령 어떤 프로젝트를 진행할 때 예산이 많다면 당연히 더 좋은 인력과 더 좋은 환경을 꾸릴 것이다. 하지만 아이러니하게도 기발한 영화는 저예산 영화에서 더 많이 보이고, 스타트업이 대기업보다 기발한 제품을 내놓기도 한다. 완성도는 다소 떨어지더라도 확실히 기발한 무언가가 나온다. 예산 부족을 돌파하자면 결국 편법이 필요한데, 이를 추구하는 과정에서 새로운 무언가를 상상하게 된다.

그리고 새로움은 뛰어남보다 종종 더 중요하다. 특히 시장 후발주자들에게 더욱 그렇다. 산업에 늦게 뛰어든 후발주자들의 광고를 보면 1위인 타사 제품보다 더 뛰어난 성능, 더 뛰어난 맛 등을 강조하는 경우가 많은데, 이런 방식으로는 기존 제품을 앞지르기 어렵다. 고객들은 엄청난 차이가 있지 않고서야 익숙한 제품을 계속 사용한다. 외계인을 납치할 것도 아니고 발전이 라이벌 눈에는 띄지 않으면서 나에게만 티 나게 일어나는 경우는 별로 없다. 그렇기에 기존과는 다른 새로운 무언가가 필요하다. 그리고 새로운 것을 만들기 위해서는 손정의가 그랬던 것처럼 기존의 것들을 섞어야 한다.

그럼 아무거나 섞으면 되는가? 광고 기획자이자 브랜드 마케터로 활동해온 안성은 '브랜드보이' 대표는 저서《믹스Mix》에서 섞어야 할 것을 아래와 같이 정리한다.

- 오래된 것과 최신의 것
- A급과 B급
- 본캐와 부캐
- 기술과 인간

직관적으로 이해가 갈 것이다. 성공적인 섞음이 되려면 전혀 의외의 것이나 반대되는 성질을 섞어야 한다. 나는 이를 모범생의 염색으로 설명하곤 한다.

가끔 이미지 변신을 꿈꾸는 모범생이 큰맘 먹고 머리를 염색하는 경우가 있다. 안타깝지만 대부분 큰 효과는 없다. 왠지 아는가? 모범적인 친구들은 오랜 고심 끝에 갈색이나 그 언저리의 무난한 색을 선택하기 때문이다. 본인은 고심했겠지만 그 정도 해서는 남들이 알아보지 못하고 알아본다 해도 이미지가 바뀌지도 않는다. 변화는 과감해야 하고, 티가 나야 한다. 이미지를 바꾸려면 강렬한 색으로 티를 팍팍 내줘야 한다. 그 변화가 자신에게 어울릴지 안 어울릴지, 촌스러울지 아닐지는 또 패완얼이지만, 아무튼 변화를 원한다면 과감한 선택을 해야 한다. 섞는 것도 마찬가지다. A와 A'를 섞어봐야 A의 아류가 될 뿐이다. 상반되거나 전혀 의외의 것을 섞어야 새로운 의미가 창출된다. 성공적인 사례를 몇 가지 보자.

(1) '코스트코Costco'는 포화 상태이던 슈퍼마켓 시장에서 창고라는 형식을 섞은 새로운 포지션을 개척했다. 창고형 마켓이라는 콘셉트 자체는 코스트코 이전 '페드마트FedMart'에서 먼저 시행했지만 그들은 자신들의 방식을 명확하게 밀어붙이지 않았다. 코스트코 창업자 짐 시네갈James Sinegal은 페드마트에서 일한 경험을 살려 창고형 마켓 콘셉트를 극단적으로 밀어붙이고 코스트코만의 고객층을 확보하는 것에 성공했다. 현재 유통 시장의 대세는 온라인으로 넘어갔음에도, 코스트코는 여전히 지위를 유지하고 있으며 꾸준히 성장하고 있다.

(2) 'BR(베스킨라빈스)코리아'는 아이스크림과 베이커리를 섞었다. 그들은 해외에서 이벤트식으로만 판매되던 아이스크림 케이크를 자체 기술로 더욱 정교한 형태의 언제든 팔 수 있는 상품으로 개발했다. 아이스크림은 차갑지만 케이크가 주는 이미지는 따뜻함이다. 아이스크림 케이크는 전통적인 아이스크림 비수기인 12월을 최고 매출을 올리는 달로 탈바꿈시켰다. BR코리아는 현재 본사가 있는 미국을 포함해 다른 국가에 아이스크림 케이크와 관련 기술을 수출하고 있다.

(3) 〈심슨 가족〉 제작진은 아동용 애니메이션 그림체에 현실을 섞어 세계에서 가장 인기 있는 블랙코메디 시리즈를 만들었다. 원래 아이들은 어른처럼 보이고 싶어하고 어른은 아이처럼 보이고 싶어한다. 심슨은 그 두 욕구를 절묘하게 뒤섞었다.

(4) 예술 분야에서도 섞는 것은 새로움을 낳는 가장 기본적인 방법이다. 뒤샹Marcel Duchamp은 이미 만들어진 변기를 예술품으로 제출해 미술의 개념을 바꿨으며, 앤디 워홀Andy Warhol은 대량 복제되는 공산품의 성질을 접목해 예술계에 파란을 일으켰다. '루이비통Louis Vuitton'은 고루한 이미지를 탈피하기 위해 스트리트 패션 브랜드와 콜라보를 시도했고, 이런 시도가 긍정적 호응을 끌어내자 아예 스트리트 출신 디자이너 버질 아블로Virgil Abloh를 2018년 남성복 부분 책임 디자이너로 임명했다.

니체, 작가피셜 가장 책 제목 잘 지은 철학자.

출판에서 관련 사례를 찾아보자면, 철학자 니체Friedrich Nietzsche를 꼽을 수 있다. 니체? 의아하겠지만 일단 그의 책 제목을 보자.

《차라투스트라는 이렇게 말했다》
《비극의 탄생》
《인간적인, 너무나 인간적인》
《선악의 저편》
《이 사람을 보라》
《우상의 황혼》
《안티크리스트》

지금은 별다른 감흥이 없겠지만, 당시에는 독보적인 명명이었다. 비교 삼아 니체와 함께 근대철학을 대표하는 칸트의 경우를 보자.

《순수이성비판》
《윤리형이상학 정초》
《형이상학 서설》
《자연과학의 형이상학적 기초원리》…

제목만 보고 골라야 한다면 당연히 니체다.

현대 출판업계에서야 제목의 중요성을 모두가 잘 알기에 편집자와 마케터들이 머리를 맞대고 제목을 짓는 경우가 많지만, 니체가 활동하던 때에는 그렇지 않았다. 특히 철학책이나 과학 논문들은 칸트의 제목처럼 순전히 내용을 정리한 것이 많았고, 제목이 아예 없는 경우도 흔했다. 그런데 니체는 마치 문학 작품의 제목을 짓듯, 오페라 음악의 한 구절처럼 제목을 지었다. 제목뿐 아니라 내용 역시 마찬가지다. 그는 대중들이 자신의 책을 읽기를 원했고, 다양한 방식의 실험을 시도했다.

그의 책《차라투스트라는 이렇게 말했다》나《인간적인 너무나 인간적인》 등은 제목만 봐서는 내용을 짐작하기 어렵다. 하지만 매우 매력적으로 느껴진다.《안티크리스트》는 일단 제목만 들어도 불경하다. 사람들은 이런걸 꼭 보고 싶어하거든. 니체는 왜 이런 전략을 택했을까? 그는 근대철학의 왕이라고 하는 칸트 이후의 철학자다. 칸트는 철학을 견고하게 쌓아 올려

완성시켰다는 평가를 받는다. 다른 영역과 마찬가지로 철학사에서도 건축과 해체가 반복되는데, 칸트가 건축을 했으니 다음 세대는 이를 다시 해체해야 한다. 그러니 니체에게는 기존의 방식과는 다른 자신만의 다이너마이트가 필요했다. 그런 다름이 소설을 섞는 형태로 나타났고, 제목에서부터 이를 드러냈다.

*

섞는다는 것은 단순한 결합 그 이상이다. 스마트폰은 휴대전화와 컴퓨터의 결합이지만 그 이상의 의미와 역할을, 무엇보다 시장을 창출했다. 새로운 무언가가 생겨난 것이다.

진짜 창조가 무엇인지, 창조가 가져올 가능성이 어디까지인지는 잘 모르겠다. 묘미는 그 알 수 없음에 있다. 스마트폰을 처음 만든 사람들은 지금과 같은 광범위한 활용을 상상할 수 있었을까? 지금과 같이 수많은 앱을 통해 이토록 다양한 일을 할 수 있으리라 생각했을까? 섞어라. 해보기 전에는 알 수 없다. 하고 나서도 자신이 무엇을 만들었는지는 뒤늦게 알게 될 것이다.

14

훔쳐라, 대범하게

"좋은 예술가는 베끼고 위대한 예술가는 훔친다."

_파블로 피카소Pablo Picasso

앞 장에서는 열심히 섞는 이야기를 했다. 그런데 섞으라고 하면 사람들은 이렇게 말한다. "좋은 말씀 감사합니다. 근데 일단 뭐가 있어야 섞을 수 있잖아요?"

하… 이거 어디까지 말해줘야 하나. 섞을 게 없다고? 고민할 필요 없다. 없으면 훔쳐 오면 된다. 원래 섞는다는 건 베끼는 것이다.

저예산 독립영화 〈저수지의 개들〉로 일약 스타가 된 쿠엔틴 타란티노 감독은 1994년 세계적 관심 속에 두 번째 영화 〈펄프 픽션〉을 공개했다. 시사회 후 이어진 기자회견에서 한 기자가 데뷔작 〈저수지의 개들〉이 임영동林嶺東 감독의 〈용호풍운〉을 표절한 것이 아니냐는 의혹을 제기했다. 예술가에게 표절 의혹은 엄청난 스크래치를 남기기 때문에 보통 언급만으로도 화를 내거나 말을 돌리기 마련이다. 그런데 타란티노는 〈용호풍운〉에 대한 열렬한 찬사를 늘어놓더니, 자신이 그 영화를 "훔쳤다"고 단언했다.

실제로 타란티노의 영화 속에는 수백 편의 영화가 숨겨져 있다. 자신이 인상적으로 본 장면을 그대로 가져와 재현하기도 한다. 영화광이었던 그는 당시 서구 영화인들이 잘 보지 않았던 동양 무협 액션 영화들을 섭렵했고, 그것을 조합하고 서구화해 데뷔했으며, 성공했다. 그는 훔치는데 거리낌이 없다. 〈킬 빌〉에서는 이소룡의 트레이드 마크인 노란 트레이닝복을 금발 백인 여성인 주인공에게 입힌다. 이것은 그저 웃음을 주기 위한 장치도 단순한 패러디도 아니다. 주인공은 매우 진지하게 복수에 임한다. 당연히 감독 타란티노도 진지하다. 영화를 볼 때도 만들 때도 마찬가지다. 이렇게 하여 그의 손끝에서 여느 무협 영화와 다를 바 없지만 전혀 다른 작품이 만들어진다.

지난 세기에 나왔지만 지금도 여전히 잘 팔리는 시나리오 작법서인 로버트 맥키Robert Mckee의《시나리오 어떻게 쓸 것인가》를 잠깐 살펴보자.

이 책에서 좋은 시나리오를 쓰기 위해 강조하는 첫 번째 기술이 '타임테이블'이다. 먼저 자신이 생각하는 잘 만들어진 영화를 고른 다음 그 작품을 시간대별로 세세하게 분석한다. 각 인물이 언제 등장하고 주요 사건이 언제 발생하며 절정은 언제 발생하는

쿠엔틴 타란티노Quentin Tarantino.

위 〈용호풍운〉, 아래 〈저수지의 개들〉. 주요한 콘셉트와 장면이 동일하다.

지 이 모든 시간을 디테일하게 기록한다. 그리고 이 타임테이블을 당신의 시나리오에 그대로 적용하면 된다. 기존 작품의 시간표를 그대로 사용하면서 인물과 사건만 살짝 바꾸면 새 시나리오가 뚝딱이다. 특히 스릴러나 멜로 등 작품 간의 유사성이 높은 장르영화라면 이런 방식은 더 효과적이다. 심지어 그냥 같은 이야기를 국가나 인종만 바꿔서 새로운 작품으로 만들어낼 수 있다.

더 놀라운 건 이 방식을 활용해 만들어진 작품들이 어느 정도의 퀄리티는 뽑아낸다는 것이다. '나만의 독창성'을 추구하는 작품들은 대박이 터질 수도 있지만, 안타깝게도 대부분 망작으로 끝난다. 그리 쉽게 새로움이 창조된다면 왜 예술이 그리 특별한 대접을 받겠는가? 뉴비들은 종종 "난 달라!" 외치며 보도 듣도 못한 새로운 방식을 시도하곤 하는데, 결과물을 보면 놀랍게도 돌고 돌아 클리셰로 빠진 경우가 많다. 좋은 이야기의 구성이란 생각보다 많지 않아서 타임테이블을 따로 제작하지 않아도 완성된 시나리오를 보면 거의 유사한 구성인 경우도 많다.

이런 방식은 어느 분야에서든 사용된다. 스티브 잡스Steve Jobs는 혁신적인 디자인으로 애플을 지금의 자리에 올려놓았다고 평가받는다. 그런데 그런 그조차 "소니SONY*라면 어떻게 만들 것 같아?"라는 말을 입에 달고 살았다고 한다. 우리에게 혁신이었던 애플의 유려한 디자인도 다른 회사를 흉내 내다 나온 결과물인 셈이다.

---

*   1946년 설립된 다국적 복합기업. 일본 전자산업을 대표하는 회사다.

소니라고 적혀있지만 소니가 아니다. 애플에서 '소니라면 스마트폰을 어떻게 디자인할까' 고심하며 소니 제품을 참고해 만든 아이폰의 초기 목업 디자인이다. 얼마나 소니처럼 생각했는지 로고까지 넣었다. 삼성과 애플 간 디자인 표절 논쟁이 불붙었을 때, 삼성 측은 해당 디자인을 증거로 애플도 타 회사의 디자인을 훔쳤다고 주장하기도 했다.

애플의 수석 디자이너 조너선 아이브Jonathan Ive는 디터 람스Dieter Rams의 디자인을 자주 차용했다. 디터 람스가 1958년 디자인한 라디오와 아이팟 비교.

피카소는 "좋은 예술가는 베끼고 위대한 예술가는 훔친다"고 했다. 하지만 우리가 위대할 필요까진 없지 않겠나. 적당히 베끼는 것만으로도 평균 이상의 작품을 만들 수 있다. 의식해서 일부러 베끼거나 섞을 필요도 없다. 가장 좋은 작품을 만들기 위해 머리를 굴리면 의식하든 안 하든 자신이 봤던 것 중에 자연스레 훔치게 된다. 내 목표가 관객을, 소비자를 만족시키는 것이라면, 소비자가 어떤 걸 좋아할지를 고민한다면, 훔칠 수밖에 없다. 심지어 애플도 베낀다고.

도둑질은 창작이다

초보 도둑들은 언제나 최고를 베끼려고 한다. 하지만 그들에게 팁을 주자면 꼭 최고를 훔칠 필요는 없다. 장인이 도구를 가리지 않듯이 대도는 물건을 가리지 않는다. 상황에 따라 나쁜 재료도 좋은 음식이 될 수도 있고, 좋은 재료도 나쁜 음식이 될 수 있다.

서스펜스 영화의 거장으로 손꼽히는 앨프리드 히치콕 감독은 위대한 도둑이다. 그의 영화들은 대부분 원작 소설을 가지고 있지만, 관객이든 평론가든 약속이라도 한 것처럼 누구도 원작 소설을 언급하지 않는다. 사실 대부분 존재 자체를 모른다. 히치콕이 숨겨서가 아니다. 그는 늘 원작을 명시했다. 다만 그는 늘 그다지 유명하지 않은 작품, 무엇보다 약간은 완성도가 떨어지

앨프리드 히치콕Alfred Hitchcock.

논 작품을 골라서 영화화했다. "왜 성공한 작품을 영화화하지 않느냐?"는 기자의 질문에 히치콕은 "훌륭한 작품은 더 손댈 곳이 없기 때문"이라고 답했다. 그는 작품의 허점에서 매력을 느꼈고, 발견해낸 그 작품의 숨은 매력을 자기 방식으로 다듬었다.

훌륭하지 않은가? 훔쳤다면 더 낫게 만들 자신 정도는 가지고 있어야 한다. 가져온 걸 그대로 쓰거나 혹은 더 후지게 만든다면 그 작품은 누구의 기억에도 남지 않을 것이다. 그러니 완전히 새로 만들 자신이 없으면 약간 부족한 작품을 과감하게 훔쳐라. 원작의 허술함이 오히려 당신의 상상력을 풍부하게 자극할 것이다.

나는 이제까지 총 6권의 책을 냈는데, 모든 책에 빠지지 않고

카를 마르크스Karl Marx

등장한 이름이 있다. 바로 카를 마르크스*다. 좋은 의미든 나쁜 의미든 그는 19세기 이후 전 세계에 가장 많은 영향을 끼친 사상가다. 공산주의에 대한 평가야 사람마다 다르겠지만, 그 사상이 강력했다는 것은 누구도 부인하지 못할 것이다. 그의 사상이나 말에는 사람의 가슴을 뛰게 하는 무언가가 있다. 그러니 나도 인용을 했겠지. 하지만 그는 창작자라기보다는 편집자에 가까웠다. 그가 했다고 알려진 유명한 말은 대부분 어디선가 가져온 것들이다.

《공산당 선언》의 유명한 구절 '노동자에게는 국가가 없다', '프롤레타리아가 잃을 것은 쇠사슬밖에 없다' 두 문구는 프랑스혁명의 지도자 중 한 명이었던 장폴 마라Jean-Paul Marat가 처음

---

*   그의 이름은 심지어 연애 책에도 등장한다. 6권의 책에서 해당 부분을 모두 찾아서 메일로 보내주시면 소소한 선물을 드리겠다.

한 말이다. 지금도 자주 쓰이는 표현인 '종교는 인민의 아편이다'는 독일 시인 하이네Heinrich Heine가 사용하는 등 그 시대에 종종 사용되었던 표현이다. 공산주의 세계를 표현하는 '프롤레타리아 독재'는 루이 블랑키Louis Blanqui가, '능력에 따라 일하고 필요에 따라 분배한다'는 개념은 루이 블랑Louis Blanc─블랑키와 다른 사람이다─이, 《공산당 선언》의 마지막 구절이자 지금도 노동절이면 길거리에 나붙는 '만국의 노동자여 단결하라'는 표현은 독일의 정치인 카를 샤퍼Karl Schapper가 먼저 사용한 표현이다.

물론 그의 모든 표현이 베낀 것은 아니다. 당연히 마르크스의 독창적 표현이 더 많고, 그중에서도 매력적인 표현이 종종 있다. 하지만 위의 표현들만큼 강력하고 기억에 남는 문구는 없다. 그는 어떤 말이 강력하고 매력적인지 알고 있었고, 필요할 때 자신의 메시지 속에 적절하게 녹여냈다. 당신은 마르크스가 표현을 훔쳐 온, 아니 빌려 온 사람들 대부분은 잘 몰랐겠지만, 마르크스만은 분명히 알고 있을 것이다. 우리는 그를 최초의 공산주의자로 여기지만, 공산주의는 그 이전에 이미 시작되었다. 그러나 분명한 것은 기존의 모든 것을 끌어모아 하나로 통합하고 공산주의의 실체를 만들어내고 완성한 인물은 바로 마르크스라는 점이다.

도둑질을 하라는 조언에 윤리적인 고민을 할지 모른다. 다만 사람들은 의외로 당신이 훔쳤는지 아닌지 신경 쓰지 않는다. 타란티노의 작품을 생각해보라. 중요한 건 결과물이 높은 완성도를 갖췄는지, 그래서 관객들이 만족하는가 하는 점이지, 그 작품을 어떻게 만들어냈는지가 아니다. 그걸 잊지 마라. 가져온 걸 인정하면 아무 문제 없다. 문제는 늘 훔쳐 놓고 안 훔친 척할 때 일어난다.

많은 이들이 새로운 것을 찾기 위해 노력한다. 그런데 이 세상에 온전히 새로운 것은 없다. 2023년 챗GPT를 시작으로 생성형 인공지능들이 큰 관심을 끌고 있다. 사람들이 인공지능에 놀란 이유 중 하나는 무언가를 창작해내는 능력이었다. 대략적인 설정만 일러주면 소설도 동화도 만들어 준다. 그런데 이 인공지능이 하는 창작이란 결국은 가지고 있는 데이터를 뒤섞어서 만들어내는 것이 아닌가. 그림을 그려주든 작곡을 해주든 모두 마찬가지다. 데이터를 조합한 그 결과물은 매우 창의적인 것으로 보인다. 그렇다면 우리가 하는 창작이란 것도 결국 우리가 의식적, 무의식적으로 기존의 것을 섞고 변형해서 만들어내는 것이 아닐까?

이 책의 목표는 그럴싸하게 보여주는 것이기에 여러분에게 진짜 창작을 하라고 말하지는 않는다. 다만 단순한 발표를 하나 하더라도 당신의 아이디어가 어디에서 착안해 어떤 걸 섞었는지를 명확히 밝히면 좋다. 사람들은 섞임이 효과적이란 것을 본능적으로 알고 있다. 당신이 실제로 그러하든 아니든 그런 이미지를 주는 것이 중요하다.

물론 이런 말을 하는 나 역시도 완전히 독창적인 것을 만들어

낼 탁월한 예술가를 언제나 기다리고 있다. 또한 늘 기다리기에 누구보다도 잘 알고 있다. 그런 사람은 거의 없다는 것을. 그리고 우리가 독창적이라고 생각하는 그 위대한 사람들조차 만나서 이야기를 나눠보면 자신의 부족한 창조성을 저주하고 있을 것임을 확신한다. 그러니 평범한 우리들은 기꺼이 훔쳐야지. 훔쳐라, 대범하게.

15

모두의 힘으로, 원기옥!

"세상에 있는 많은 악은 사실 고의가 아니다."

_조지 소로스George Soros

영국의 침체가 심상치 않다. 코로나, 자원강국(러시아)과 농업 강국(우크라이나)간의 전쟁, 그로 인한 물가 상승으로 전 세계가 휘청이는 가운데 유독 영국은 더 큰 피해를 겪었다. 기업들은 줄을 서서 영국을 빠져나갔고 물가와 실업률은 자비 없이 치솟았다. 2022년 영국의 경제성장률은 전쟁을 벌인 러시아보다도 나빴다.

전문가들은 영국의 침체가 브렉시트* 때문이라며 한목소리

---

* 　영국Britain과 탈퇴exit의 합성어. 영국이 2016년 국민 투표를 거쳐 2020년 유럽연합EU을 탈퇴한 사건을 뜻한다.

를 냈다. 브렉시트는 그야말로 세기의 사건이었다. 결국 영국이 가장 큰 피해를 봤다고 할 수 있지만, 하나의 유럽이라는 기치로 만들어진 유럽연합 역시 큰 실패를 맛봤다. 돌이켜보면 영국은 유럽연합에 속해 있을 때도 다른 유럽 국가들과 달랐다. 배낭여행만 가봐도 느끼는데, 영국으로 넘어갈 때는 여러 규정이 확연히 달라진다는 것을 알 수 있다. 다른 국가들이 표준을 맞춰갈 때 영국은 자신들의 방식을 고집했다. 화폐를 유로로 통일할 때도 자국 화폐인 파운드를 고집했다. 마치 브렉시트가 벌어질 것을 알고 있었던 것처럼.

영국이 삐딱했던 것, 끝내 브렉시트가 벌어진 것, 그렇게 유럽연합이 위기를 겪은 것은 결국 1992년 벌어진 사건이 만들어낸, 정해진 미래였을지도 모른다.

독일 통일이 가져온 나비효과

두 번의 세계대전 이후 유럽은 함께 번영하는 '하나의 유럽'을 꿈꾼다. 하나가 되기 위해서는 경제가 묶여야 한다. 지금이야 유럽 대다수 국가가 유로라는 통합된 화폐를 사용하지만, 과거에는 한중일처럼 모두 각자의 화폐를 사용했다. 1970년, 유럽 국가들은 단일 통화(지금의 유로)권을 구축하기로 결정한다. 하지만 통화 개혁이라는 대업이 한 번에 뚝딱 이루어질 수가 없다. 사전 작업이 필요하다. 그래서 1977년, 각국이 자국 화폐를

베를린 장벽이 무너지기 직전, 한 곳에 모인 동독과 서독의 시민들.

유지한 채 '유럽 환율 메커니즘ERM, European Exchange Rate Mechanism'을 도입한다. 이는 당시의 경제 수준을 바탕으로 회원국 간 기본 환율을 설정한 일종의 준고정환율제였다. 환율을 완전히 고정하긴 어려웠기에 약간의 변동 폭은 허용했다. 가령 독일 마르크화와 영국 파운드화는 기준에서 최대 6% 범위 안에서 왔다갔다 하게 했다. 만약 이 변동 폭을 벗어날 정도로 환율이 요동치면 각국의 중앙은행이 시장에 개입해 인위적으로 변동치를 맞춰야 한다. 이 정책은 유럽 경제가 어느 정도 안정을 유지하게 했다. 파도가 거셀 때 배와 배를 연결해 흔들림을 줄이는 것과 비슷한 효과라 보면 된다. 이 정책은 효과적이었다. 큰 해일이 오기 전까지는.

1990년, 동독이 무너지고 독일이 통일된다. 통일 직전 동독과 서독의 화폐 교환 가치는 4:1 정도였다. 쉽게 말해 서독은 잘

살았고 동독은 가난했다. 통일 독일은 낙후된 동독 지역의 경제를 단기간에 끌어올리고 동독인들의 생활력을 보호하기 위해 동독 화폐와 서독 화폐를 1:1로 교환해준다. 원래 교환 가치가 4:1이었으니 사실상 동독 지역의 화폐가 4배로 늘어난 셈이다. 또한 인프라를 갖추기 위해 동독 지역에 대대적인 투자를 감행한다. 시중에 돈이 쏟아지니 당연히 물가가 치솟는다. 독일 중앙은행은 인플레이션을 잡기 위해 2년간 금리를 10차례 이상 올리며 초고금리 정책을 펼친다. 이 정책으로 독일은 통일이라는 엄청난 변수에도 물가 상승률을 2%대로 잡고 경제를 어느 정도 유지할 수 있었다. 독일로서는 당연히 해야 할 조치였다.

문제는 다른 유럽 국가들이었다. 만약 특정 국가의 금리가 높아지면 금리가 낮은 국가에서 돈이 빠져나간다. 독일이 금리를 끌어올리자 온 유럽의 돈이 독일로 몰리기 시작했다. 그러면 당연히 금리가 낮은 나머지 국가의 화폐 가치가 떨어지기 시작한다. 그런데 앞서 말한 ERM에 따라 각국은 일정 환율을 지켜야 했고, 화폐 가치를 유지해야 했다. 여기에는 두 가지 방법이 있다.

하나는 독일만큼 금리를 끌어올려 자국에서 돈이 빠져나가는 것을 막는 것이다. 대표적으로 스웨덴이 이 방법을 택했다. 스웨덴 중앙은행은 금리를 단번에 5배 끌어올렸다. 하지만 이 방법을 사용하지 못하는 국가들도 있다. 대표적인 곳이 모기지(주택담보대출)가 변동금리인 곳이다. 모기지가 변동금리일 경우, 금리가 오르면 시민들의 이자 부담 역시 커져 급작스럽게 금리를 올리기 어렵다. 2022년 미국이 물가 상승을 잡기 위해 금리를 급하게 끌어올렸을 때 한국이 따라가지 못한 이유도 이 때문이다. 영국 역시 변동금리가 주였기에 독일 금리를 따라가기 어려웠다.

그럼 한 가지 방식만 남는다. 중앙은행이 보유하고 있던 외환을 팔아 자국 화폐를 사들이는 것이다. 독일로 빠져나가는 만큼 자국 화폐를 사들이면 금리를 유지한 채 가격을 방어할 수 있다. 하나 된 유럽이라는 기치 아래 각 국가의 중앙은행들은 버티기에 들어간다. 하지만 결국 체력에는 한계가 있다. 1992년 9월 핀란드가 가장 먼저 백기를 들고 독일과 자국 화폐 간 연동제를 폐기했다. 이후 줄줄이 포기가 이어졌다. 하지만 당시 유럽연합의 리더 격이었던 영국은 ERM을 끝까지 고수하며 파운드화 폭락을 막았다.

인류사에 영국만 한 깡패도 없었지만, 좋은 의미에서든 나쁜 의미에서든 영국만큼 대국다운 자존심을 부리는 곳도 없다. 근래에도 중국이나 러시아가 비상식적인 일을 저지르면 눈치 보지 않고 가장 먼저 비난하는 곳이 영국이다. 당시에도 영국은 이런 태도로 일관했다. 함께 하기로 했으면 약속을 지켜야지. 존 메이저John Major 영국 총리는 "파운드화 평가절하는 영국에 대한 배신행위"라며 끝까지 버틸 것을 선언했다. 당시만 해도 국가가 나서면 따라가는 분위기가 있었고, 어쨌든 시장에서도 국가는 절대 강자였다. 아무리 이빨이 빠졌다지만 한때는 해가 지지 않았다는 영국 아닌가. 영국 총리의 선언은 시민들에게 안정감을 줬고, 시장은 안정되는 것처럼 보였다.

퀀텀펀드, 영국에 도전하다

잘 나가는 헤지펀드인 '퀀텀펀드Quantum Group of Funds'에서 매니저로 활동하던 스탠리 드러켄밀러Stanley Druckenmiller는 당시 유럽 상황을 유심히 살피고 있었다. 그는 영국이 더 버틸 수 없으리라 판단했고 영국 파운드화에 공매도를 치자고 상부에 제안한다. 당시 그가 제시한 금액은 15억 달러(2조 원). 1969년 설립 후 10년간 4,200% 이상의 수익률을 기록한, 고위험·고수익 전략으로 정평이 난 퀀텀펀드였지만 2조 원을 하나의 종목에, 그것도 공매도를 치는 것은 쉽지 않은 결정이다.

공매도는 쉽게 말해 가격이 떨어지는 것에 베팅하는 것이다. 국내에서는 공매도를 외국인이나 기관 등에 부분적으로만 허용하다 보니 쉽게 돈을 벌 수 있다는 인식을 가진 경우가 많다. 하지만 공매도는 위험하다. 국가가 규제를 하는 데는 그만한 이유가 있다. 일반 주식은 가격이 오르면 오른 만큼 돈을 번다. 최악이라고 해봐야 그 주식이 휴지 조각이 되는 것에서 끝난다. 절대 투자한 금액 이상은 잃지 않는다. 공매도는 다르다. 공매도를 걸었는데 가격이 오르면 2배든 3배든 차입금을 계속 집어넣어야 한다. 잘못 들어갔다간 그야말로 작살날 수 있다. 그러니 떨어질 것을 확신한다고 하더라도 돈을 벌기 어렵다. 경제에 어느 정도 감이 있는 사람이라면 경기가 좋아질지 나빠질지 큰 흐름은 대충 파악할 수 있다. "앞으로 경기는 나빠질 거고 주가가 빠질 거야" 정도의 훈수는 누구라도 둘 수 있다. 문제는 그 떨어지는 시점이 정확히 언제냐는 거지. 주식은 투자 후 오랜 시간 지켜볼 수 있지만, 즉각 즉각 차입금을 넣어야 하는 공매도는 방향이 맞다 해도 타이밍을 정확히 잡지 않으면 빚이 눈덩이처럼 불어난다. 그래서 주식시장에서 일반적인 투자를 롱 포지션, 공매도를 숏 포지션이라 부르는 것이다.

그럼 파운드화에 숏을 치자는 드러켄밀러의 보고를 받은 퀀텀펀드의 상부는 어떻게 반응했을까? 투자 금액이 큰 만큼 당연히 회장에게 직접 보고가 올라갔다. 당시 퀀텀펀드의 회장은 조지 소로스George Soros라는 전설적인 펀드매니저였다. 그는 여기서 드러켄밀러의 제안보다 더 파격적인 결정을 내린다. 투자금에 10배 레버리지를 걸어 100억 달러(13조 원)를 베팅한 것이다. 10배 레버리지는 성공하면 10배의 수익을 올리지만, 실패하면 10배의 손실을 본다. 따거나 잃거나 당연히 이자는 내야 한다. 한 마디로 펀드의 운명을 건 일생일대의 도박. 역시 그 직원에 그 보스다.

레버리지를 건 소로스는 언론전에 나선다. 원래 그는 언론에 나서는 것을 극히 꺼리는 타입이었지만, 이때만큼은 신문과 방송을 가리지 않고 뛰어다녔다. 언론이야 평소 모습을 드러내지 않던 전설적인 펀드매니저의 출연을 마다할 이유가 없었다. 그는 인터뷰에서 한결같이 "영란은행(영국 중앙은행)은 지금 무리한 수를 쓰고 있으며 곧 파운드화는 폭락할 것"이라는 메시지를 던졌다.

현역에서 뛰는 선수라면 정말 중요한 정보는 숨긴다. 누가 알려주는 투자 정보는 믿지 말라는 이유는 정말 중요한 정보는 쉽게 드러나지 않기 때문이다. 그런데 최고의 플레이어가 TV에 나와서 자신이 예상하는 미래를 떠들기 시작한 셈이다. 그는 왜 이런 행동을 했을까?

소로스는 영국이 질 것이라고 판은 읽었지만, 그럼에도 영국은 결코 만만한 상대가 아님을 잘 알고 있었다. 자신만 공격해서는 승산이 낮았다. 그래서 그는 승리하기 위해 만화 〈드래곤볼〉 식으로 치면 "원기옥!"*을 외친 것이다.

그리고 마치 영화 〈반지의 제왕〉의 마지막 전투처럼 지원군들이 등장한다. 전 세계의 수많은 헤지펀드와 개인 투자자들이 몰려든 것이다. 서로 일면식도 없는, 숫자로만 존재하는 전 세계의 투자자들이 모여 파운드화를 공격했다. 헤지펀드들이 부은 금액만 1,000억 달러가 넘었고, 이 중 상당수는 레버리지가 걸렸다. 이 정도로 시끄러워지자 총리 말만 믿고 마음을 다스리고 있던 일반 시민들조차 파운드화에 의심을 가지기 시작했고, 가치가 폭락하기 전에 바꿔야 한다며 파운드화를 던졌다. 개개인은 의도하지 않았을지 모르지만, 이런 행동은 결과적으로 소로스의 원기옥에 힘을 보태준 꼴이 되었다.

영란은행은 반란을 제압하기 위해 필사적으로 달려들었다. 외환보유고를 총동원해 사람들이 파운드화를 던지는 족족 사들

---

* 만화 〈드래곤볼〉에서 주인공이 사용하는 기술. 행성의 다른 생명체들에게 조금씩 힘을 빌려 상대를 공격한다.

이고, 단기적으로 금리를 독일보다도 높여 상황을 타개하려고 했다. 하지만 이미 영국은 너무 많은 피를 흘렸다. 한 마리의 승냥이는 쫓아낼 수 있지만, 승냥이 떼는 버틸 수 없다.

1992년 9월 16일 수요일, 영국은 결국 패배를 선언한다. 파운드화는 폭락했고 영국은 물론 전 세계의 경제가 휘청였다. '검은 수요일'이라고 역사에 기록된 날이다. 하지만 퀀텀펀드를 포함한 반지원정대는 돈 잔치를 벌였다. 훗날 소로스는 당시 한 달간 벌어들인 개인 수익이 10억 달러가 넘었다며, 투자자들에게는 더 많은 돈을 안겨주었다고 밝혔다. 그와 투자자들에게는 더없이 행복한 일이다. 하지만 그 행복의 실체는 결국 영국인들이 그간 차곡차곡 은행에 쌓아둔 돈으로 이루어진 것이었다.

영란은행은 파운드화 방어를 위해 200억 달러를 부었으나 아무런 성과도 얻지 못했다. 사실상 국고를 털어 승냥이 떼에게 바친 셈이다. 이후 영국은 유럽연합의 경제 통합에 소극적인 태도로 돌변한다. 화폐 통합에서도 미적지근한 태도로 일관하며 유로 대신 파운드화를 고집한다. 당연히 유럽연합 내에서 왕따 아닌 왕따를 당했고, 결국 2016년 브렉시트에 이르게 된다.

영원히 변한 시대의 가치

이 사건 하나만 놓고 보면 국제정세를 제대로 파악한 헤지펀드가 한바탕 휩쓸고 간 해프닝처럼 보인다. 하지만 장기적으로 보면 시대의 전환점이었다. 이 사건으로 시대가 변했다는 게 아니라, 시대가 변했다는 사실이 이 사건으로 드러난 것이다.

1990년대 이전까지 인류는 거대 서사에 빠져 있었다. 국가와 사상은 세계를 이루는 중요 축이었다. 개인도 존재했지만 그 이상의 가치(긍정적이든 부정적이든) 역시 존재했다. 동구권이 붕괴하면서 가치가 실종됐다고 평가하는 이들도 있지만 이후에도 세계시민, 하나의 유럽 같은 가치가 존재했다. 그러나 이 사건은 그런 거대한 가치들은 결국 개인의 이익 앞에 아무것도 아님을 만방에 드러냈다. 아마 1970년대였다면 영국의 정책은 성공했을 것이다. 기업과 개인이 ERM의 약점을 눈치챈다 하더라도 국가가 하는 일에 승냥이처럼 달려들지 않았을 것이다. 거기에는 특별한 대의가 없으니까. 물론 당시 사람들도 당연히 손익계산을 따졌겠지만, 그 일에 확신은 없었을 것이다.

소로스가 정확히 어디까지 예상했는지는 알 수 없다. 그냥 단

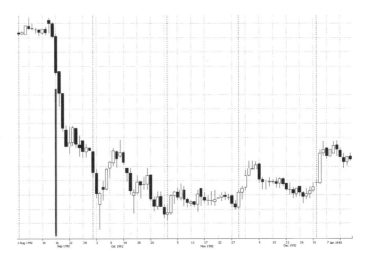

당시 파운드화와 마르크화의 차트. 빨간 선이 검은 수요일.

파운드화를 무너뜨려라! 조지 소로스(좌)와 스탠리 드러켄밀러(우).

순하게 돈을 벌기 위해 남들도 자신처럼 움직일 것이라 생각했을지도 모르겠다. 어쨌든 그의 선택은 변한 시대에 그대로 올라탔다. 성공적인 선택은 언제나 시대에 올라탄다. 모든 것이 그렇듯 가장 중요한 건 늘 타이밍이다. 소로스가 원기옥을 외치자, 모두의 힘이 모여 영란은행을 쓰러뜨렸다. 그리고 하나의 유럽이라는 꿈을 꾼 영국을 무릎 꿇렸다. 모두 힘을 모았지만, 그들은 각자의 욕망을 추구했을 뿐이다.

어쩌면 퀀텀펀드는 자신들의 행위가 국가의 부당한 개입에 저항해 정의를 구현한 것이었다고 생각할지도 모르겠다. 실제로 그런 측면이 있다. 헤지펀드들은 그들이 시장의 불합리함을 공격해 오히려 경제를 투명하고 안정적으로 만든다고 주장한다.

이 사건은 국가가 시장을 거스르는 정책을 시행할 경우 오히려 국가를 수렁에 빠뜨릴 수 있다는 무서운 교훈을 세계에 심어주었다. 1997년 아시아 금융위기에서도 헤지펀드들은 비슷한 방식으로 돈을 벌었다. 영국과 가까웠던 홍콩은 영국의 사례를 반면교사 삼아 위기를 이겨냈지만, 태국, 인도네시아, 한국은 버티지 못하고 무너졌다. 1990년대 초 서구권이 받은 냉혹한 교육을 1990년대 후반에 아시아도 배운 셈이다. 국가는 더는 세계 경제의 주체가 아니다. 현실 파악도 못 하고 이상에 빠져 있으면 대가를 치르는 거지.

도입부에 인용한 소로스의 말처럼 세상의 많은 악은 고의가 아니다. 누군가 금융 활동으로 이득을 본다면 누군가는 피해를 본다. 당신이 돈을 벌었다면 누군가의 돈을 갈취한 것이다. 이 것이 옳은가 그른가 하는 가치 평가는 중요하지 않다. 그냥 시 대가 변한 것이다. 성공한 이후 소로스는 자신을 철학자라고 소 개한다. 그리고 자신의 일을 시장의 오류를 밝히는 사회운동이 라 표현한다. 아무리 생각해도 자의식 과잉인 것 같지만, 그가 시대의 흐름을 파악했다는 것 하나만은 분명해 보인다. 조지 소 로스는 이후 다른 인터뷰에서 이렇게 말했다.

"법이 비즈니스가 되었습니다.
의료보험도 비즈니스가 되었죠.
불행히도 정치 또한 그렇습니다."

대중에게 베팅하라

혹시 너무 거대한 적과 싸우는가? 혼자서는 이겨낼 자신이 없는가?

그렇다면 대중에 베팅하라. 헤지펀드가 영란은행과 싸워 이 겼듯이 대중의 열망에 올라타면 강한 상대도 얼마든지 넘어뜨 릴 수 있다. 심지어 옳지 않은 열망에 올라타도 승리할 수 있다. 사회에서는 옳다고 꼭 승리하는 것은 아니며, 뛰어나거나 더 노 력한다고 반드시 성공하는 것도 아니다. 특히 선택의 주체가 대 중이라면 더더욱. 복잡한 이야기 할 것도 없이 2016년 미국의 대선에서 트럼프가 승리한 것이 이를 잘 보여준다.

대중이 원하면 된다. 문제는 그 대중의 힘을 어떻게 자신에게 유리하게 가져오느냐겠지. 대중은 이 시대의 유일한 신이다. 이건 비유가 아니다. 성경을 비롯한 수많은 신화를 읽어보라. 신은 정의롭지 않고 변덕을 부린다. 오늘날의 대중 또한 신이 그랬듯 누군가를 한순간에 띄우고 한순간에 몰락시킨다. 싸이의 강남스타일은 한국의 수많은 대형 연예 기획사들이 사활을 걸고 수십 년 시도해도 안 되던 미국에서의 성공을 단번에 이뤘다. 어떤 노력을 했냐고? 기획사가 이것저것 열심히 했겠지만, 중요한 건 그냥 대중이라는 신이 그의 뮤직비디오를 선택했다는 것이다.

대중의 선택은 예측하기 어렵다. 예상되는 것 같다가도 종종 전혀 반대로 튀어버린다. 그들은 어느 때는 정의에 집착하고 어느 때는 천진난만하게 악의적으로 군다. 사소한 흠결 하나를 잡아 누군가의 인생을 끝내버리고, 반대로 수많은 약점도 무시하고 대통령을 만들어버리기도 한다. 조지 소로스가 영란은행을 이긴 것도 결국은 이 신이 움직였기 때문이다. 물론 이런 건 타고난 운이 좋아야 한다.

이 변덕스러운 신의 영광을 얻고 싶은 신자들이 할 수 있는 유일한 일은 신의 눈 밖에 나지 않는 것이다. 그럼 최소한 나락은 가지 않는다. 기획사에서 아이돌들의 인성교육에 집중하며 선한 영향력을 말하고, 성공한 기업들이 재단을 만들어 사회 환원에 힘쓰는 것도 결국은 이 때문이다. 신의 노여움을 사지 않기 위해 노력하는 거지. 물론 선한 영향력은 말그대로 선하고 기업의 기부도 좋은 일이다. 하지만 마음속에서 우러나는 선한 의지라기보다는 신이 두려워 착하게 살던 중세시대의 마인드와 다를 바 없다.

16

거짓말은 나의 힘

"진실은 너무 소중하기 때문에 거짓이라는 경호원을 대동해야 한다."

_윈스턴 처칠Winston Churchill

작가가 되고 나서 좋았던 것 중 하나는 대놓고 거짓말을 할 수 있다는 점이다. 선진적인 한국의 국어 교육에서는 '문학적 허용'이라는 좋은 표현을 암기시키기 때문에 사람들은 작가의 거짓말에 관대하다. 사실 나는 작가가 되기 전부터 입버릇처럼 거짓말을 달고 살았는데, 이제는 눈치를 볼 필요가 없으니 이만 한 혜택이 없지. 아, 그렇다고 이 책의 이야기들이 거짓이라는 건 아니다. 물론 방금 한 이 말이 거짓일 수도 있지. 처칠의 말처럼, 진실은 너무 소중하기 때문에 거짓이라는 경호원을 대동해야 한다.

진실보다 거짓이 매력적이다

1782년 4월 프랑스 파리 외교가에 미국 보스턴 언론 〈인디펜던트 크로니클Independent Chronicle〉의 충격적인 기사가 부록 형태로 뿌려졌다. 캐나다 총독실로 보내진 소포에서 인간의 머리 가죽 1,000여 점이 발견됐다는 것이다. 이 소포는 뉴잉글랜드 민병대 대장인 게리시Gerrish 대위가 발견했는데, 그는 "아메리카 원주민들이 영국 정부의 지시를 받고 3년간 미국인들의 머리 가죽을 모아왔다"고 설명한다. 소포에는 이 머리 가죽이 누구의 것인지 상세하게 설명되어 있었는데 그중에는 군인 외에도 수백여 명의 농부와 여성들, 심지어 아이들도 포함되어 있었다. 그야말로 엽기적인 스캔들이었다. 미국인은 물론 영국인들마저 그들의 국가가 벌인 잔혹한 행태에 큰 충격을 받았다. 미국과 유럽의 많은 신문이 이 기사를 퍼 날랐다. 당시 인쇄술의 발전과 함께 신문과 잡지가 활성화되고 있었기에 이 뉴스는 삽시간에 미국과 유럽에 퍼졌다.

하지만 이 기사는 가짜뉴스였다. 원주민들은 그런 짓을 하지 않았고, 게리시 대위라는 사람도 존재하지 않았다. 심지어 매체조차 가짜였다. 〈인디펜던트 크로니클〉은 실제 존재하지만 해당 기간에는 별책부록이 발간된 적이 없다. 누군가 그럴싸한 가짜뉴스를 진짜 신문에 섞어서 뿌린 것이다.

이 사건의 범인은 미국 건국의 아버지 중 한 명이자, 100달러 지폐의 주인공 벤저민 프랭클린Benjamin Franklin이다.

바로 이 아저씨. 한국으로 치면 세종대왕급?

미국 건국의 아버지가 가짜뉴스를 만들었다고? 그게 가짜뉴스 아냐? 흠… 믿고 싶은 대로 믿으시라. 중요한 건, 그가 왜 이런 일을 저질렀는가 하는 것이다.

당시는 영국과 미국 간 미국독립전쟁이 미국의 승리로 끝나가던 때였다. 프랭클린은 5개월 후 열릴 종전 협상의 사전 준비를 위해 외교관 자격으로 프랑스 파리에 와 있었다. 그는 유리한 협상을 위해 도덕적 우위에 설 필요가 있다고 생각했다. 결국 정치는 감정의 문제고 영국을 잔혹한 가해자로 규정할수록 영국 본국의 여론조차 미국편으로 만들 수 있다고 판단한 것이다.

당시 언론의 영향력은 막강했다. 사람들은 신문에 적힌 것은 의심 없이 받아들였다. 혹여 잘못된 뉴스가 나가도 수습할 방법이 없었다. 정말 신문에 난 것인지 아닌지도 중요하지 않았다. 일단 소문만 나면 된다. 사람들이 믿기 시작하면 그건 그 자체로 진실이 된다. 인쇄공 출신인 프랭크린은 매체의 파괴력을 누구보다 잘 알고 있었고, 그렇기에 가짜뉴스도 거리낌 없이 사용했다. 그는 타고난 거짓말쟁이였다. 그는 대중의 심리가 어떻게 작용하는지 잘 알고 있었고, 그들의 필요와 열망에 충실한 가짜 뉴스를 만들었다. 뭐든 해본 사람이 잘하는 법이다. 이 기사만 해도 일단 시선을 확 끌지 않는가? 지금으로 치면 유튜브 제목 쌈박하게 뽑았다. '서양인의 머리 가죽을 벗기는 인디언'. 일단 들으면 누군가에게 말하고 싶어 입이 근질거릴 내용이다.

무엇보다 이 가짜뉴스는 대중의 눈에 합리적으로 보였을 것이다. 만약 영국 군인이 직접 미국인의 머리 가죽을 벗겼다고 썼다면 사람들은 믿지 않았을 것이다. 영국인이 왜 그런 비합리적 행동을 한단 말인가? 그리고 '그 영국인이 누구냐?'라는 질문이 뒤따를 수밖에 없다. 그렇게 되면 거짓이 발각될 가능성도 있다. 하지만 주체가 원주민이라면? 우리는 지금도 원주민 같은 제삼자에 대해서는 '원주민'이라는 특정 집단으로 통쳐서 평가하지 세심하게 그들의 개별성을 따지지 않는다. 물론 원주민들도 그런 끔찍한 짓을 하지 않았다. 하지만 당시 유럽인들의 눈에 아메리카 원주민들은 여전히 미지의 야만인들이었고, 충분히 그런 짓을 할 법한 사람들로 보였을 것이다. 서양인은 원주민들이 잔인하기를 원했다. 그래야 그들의 땅을 빼앗고 쫓아낸 자신들의 행동이 정당화되기 때문이다. 그런 면에서 가짜뉴스 속 원주민의 행동은 합리적이다. 자신들이 원주민들에게 한 짓이 있으니 원주민들 역시 그런 행동을 할 수 있다고 생각했을 것이다. 또한 사람들은 영국군이 미국인의 머리 가죽을 직접 벗길리야 없겠지만, 원주민들을 부추기는 정도는 하지 않았을까 생각했을 것이다. 실제로 아메리카 원주민 중 일부는 영국과 동맹을 맺고 미국에 맞서 싸웠으니까.

무엇보다 이 가짜뉴스는 영국인을 타깃으로 한만큼 그들의 심리를 정확히 파고들었다. 영국인들은 원주민과 동맹을 맺고 미국과 싸우고 있었지만, 심리적으로는 같은 민족인 미국인들에게 더 동질감을 느꼈다. 그래서 뉴스를 접했을 때, 원주민보다 미국인에 감정이입을 해서 그것이 얼마나 잔혹한 행위인지를 즉각적으로 느끼게 된다. 이렇게 극적인 감정이 발생하면, 실제로 그 사건이 벌어졌는가 아닌가는 쟁점에서 사라지고 일종의 인식만이 남게 된다. 훌륭한 가짜뉴스는 결국 이미지로 남는다.

프랭클린 입장에서는 목적을 달성했으니 성공한 작전이겠지. 문제는 이런 가짜뉴스들은 목적을 달성한 후에도 사라지지 않는다는 점이다. 프랭클린은 이 뉴스를 큰 고민 없이 만들었을지도 모른다. 어쩌면 전날 드라큘라 백작의 이야기를 읽고 가볍게 만들었을지도 모른다. 되면 좋고, 아니면 말고. 하지만 그렇게 만들어낸 이미지는 사라지지 않는다. 이 가짜뉴스는 당시 서양인들이 원주민을 바라보는 시각에 올라탄 것이지만, 동시에 그 이미지를 더욱 공고하게 만들었다. 이후 원주민들이 겪게 되는 비극적 역사를 떠올려보면, 이 일화를 단순히 영웅의 기지로 받아들이기에는 마음 한구석이 저릿하다.

프랭클린이 만든 가짜 부록. 겉보기로는 정말 그럴듯해 보인다. 프랭클린은 가짜 광고까지 손수 만들어 디테일을 더했다.

상대의 욕망에 올라타라

프랭클린의 사례에서 알 수 있듯이, 성공적인 거짓말을 하고 싶다면 상대의 욕망에 올라타야 한다. 그럼 훨씬 쉽게 원하는 것을 쟁취할 수 있다.

1938년 히틀러의 거짓말이 대표적인 사례다. 당시 상황을 짧게 설명하면 이렇다. 제1차 세계대전 후 시간이 흐르고 독일에서 히틀러의 나치당이 집권한다. 그들은 야욕을 드러내며 침략을 시작했고, 영국과 프랑스는 독일과 전쟁을 불사할지 결단의 기로에 서게 된다. 이 선택을 위해 독일, 이탈리아, 영국, 프랑스 4개국이 모인 자리에서 히틀러는 체코슬로바키아의 영토 중 독일인의 인구가 많은 주데텐란트 지역만 독일이 차지하는 것을 영국이 인정한다면, 더 이상 영토확장을 하지 않겠다고 영국 수상 네빌 체임벌린Neville Chamberlain에게 공식적으로 약속한다. 체임벌린은 히틀러의 말을 믿고 협정을 체결한다. 그리고 런던에 돌아와서 이렇게 선언했다.

"친애하는 시민 여러분, 역사상 두 번째로 영국 총리가 독일에서 명예로운 평화를 들고 돌아왔습니다. 나는 이것이 우리 시대를 위한 평화라고 믿습니다. 진심으로 감사드립니다. 이제 모두 집에 돌아가서 평안히 주무십시오."

그리고 모두가 알다시피 1년 뒤 독일이 폴란드를 침공하면서 제2차 세계대전의 막이 오른다. 우리는 이후 역사를 잘 알기 때문에 히틀러의 거짓말에 속아 넘어간 체임벌린을 멍청이 혹은 겁쟁이로 평가한다. 나치를 그렇게 몰라? 어떻게 그런 뻔한 거짓말에 속은 거야? 하지만 사람들이 간과한 사실이 있다. 바로 멍청이라 불린 그 체임벌린이 굉장히 유능한 인물이었다는 것이다. 당연한 말이지만 한 나라의 수상쯤 되려면 멍청하기가 어렵다. 반례가 되는 정치인이 속으로 몇몇 떠올랐겠지만, 보통은 그렇다는 의미다. 그리고 체임벌린이 수많은 지도자 중에서도 능력으로만 따지면 상위권에 포함된다고 할 만한 엘리트였다. 그는 1930년대 대공황 시기 재무장관으로 기용되어 강력한 긴축재정과 금융개혁으로 영국을 회복시켰고, 그 공로로 총리 자리까지 오른 인물이었다. 그런데 그렇게 유능한 사람이 히틀러의 뻔한 거짓말에 홀랑 속아 넘어갔다. 왜 그랬을까?

간단하다. 체임벌린에게는 그것이 합리적이었기 때문이다. 전쟁은 비효율적이었다. 많은 자금이 들뿐 아니라 주변국과의 관계를 파국으로 몰고 간다. 경제전문가인 그로서는 결코 이해하기 어려운 행동이다. 그러니 히틀러가 독일계 인구가 많은 주데텐란트 지역을 마지막으로 타국 침략을 멈추겠다고 했을 때, 체임벌린은 그 말이 합리적이라 판단했다. 말이 침략이지, 독일군은 시민들의 열렬한 환호를 받으며 주데텐란트 지역에 무혈입성했다. 민족구성이 비슷해 거부감이 적었기 때문이다. 하지만 독일이 동질성이 없는 곳을 침략하게 되면 그때부터 정말로 전쟁을 벌여야 한다. 왜 그런 쓸데없는 짓을 벌이겠는가? 그는

뮌헨 협정에서 악수하는 체임벌린과 아돌프 히틀러.

영국으로 돌아가 평화가 왔음을 연설하는 체임벌린.

히틀러가 합리적으로 생각한다면 더 이상 전쟁은 없을 것이라 확신했다. 지극히 합리적이고 논리적인 판단이었다. 다만 히틀러가 체임벌린의 상상을 초월한 미친X이었던 거지.

체임벌린이 오판한 또 한 가지 이유는 그가 전쟁을 원하지 않았기 때문이다. 세계는 대공황을 겪은 지 얼마 되지 않았고 전쟁을 할 여력이 없었다. 특히 영국은 대공황을 이겨내기 위해 강력한 긴축정책을 펼쳐서 군 전력이 크게 약화된 상태였다. 그리고 앞서 말했듯이 이 긴축재정을 진두지휘한 것이 재무장관 시절의 체임벌린이었다. 그러니 그의 입장에서 전쟁은 절대 일어나서는 안 되는 일이었다. 전쟁을 하게 되면 결국 군비를 축소했던 자신의 정책이 틀린 것이 되기 때문이다. 전쟁은 없어야 한다. 그렇게 생각하고 있는데 히틀러가 와서 듣기 좋은 말을 적당히 해주는 것이다. 어떻게 믿지 않을 수가 있겠는가? 그리고 그 말은 합리적이기까지 했다. 체임벌린이 국민들 앞에서 "전쟁이 없을 것"이라고 자신 있게 말한 것은 결코 허세가 아니었다. 그는 진정으로 그리 생각했을 것이다. 이후 독일이 결국 전쟁을 선택하자 영국 시민들은 체임벌린을 멍청이나 겁쟁이로 부르며 그것도 몰랐냐고 비난했지만, 어쩌면 뮌헨 협정 당시에는 영국 시민들도 히틀러의 말을 믿었을 것이다. 왜냐하면 전쟁을 피하고 싶었으니까. 만약 진짜 전쟁이 발발하지 않았다면 체임벌린은 협상으로 영국을 구한 영웅이 되었을 것이다.

바보라서 거짓말에 속고 똑똑해서 속지 않는 것이 아니다. 속을 만한 상황에서 속을 만한 말을 해주면 누구나 넘어간다. 몇 년 전부터 세상을 떠들썩하게 하는 가짜뉴스도 대부분 이 공식에 들어맞는다. 아무 이야기나 마구잡이로 지어낸다고 통하는 것이 아니다. 그런 가짜뉴스들은 일시적인 해프닝으로 넘어간다. 실제로 유효한 가짜뉴스들은 사람들의 욕망을 정확히 파고들고 사라지지 않는다.

정치판처럼 대립이 치열한 곳에 가짜뉴스가 많은 이유도 이 때문이다. 자기편에 유리한 뉴스만 믿고 싶은 지지자들이 언제나 존재한다. 연인 사이에서 거짓말이 쉽게 통하는 것도 마찬가지다. 가끔 남의 연애 상담을 해주다 보면 파트너의 거짓이 빤히 보이는데도 당사자만 못 알아채는 경우가 있다. 그 속는 사람들도 제삼자의 입장이 되면 그 거짓을 단번에 알아챌 것이다. 속는 이유는 하나뿐이다. 상대방을 믿고 싶으니까. '제발 거짓말이라도 해줘'하는 심정이 되는 거지. 상대는 그에 맞춰 대안적 진실을 말하는 것이고.

야심가인가, 사기꾼인가

2021년 미국 벤처기업 '니콜라Nikola'의 창업자 트레버 밀턴 Trevor Milton이 사기 협의로 연방 검찰에 기소됐다. 니콜라는 수소트럭을 만들겠다고 한 회사다. 만드는 회사가 아닌 만들겠다고 한 회사인 이유는 실제로 만든 적은 없기 때문이다. 그들이 공개한 모델은 모두 모형이었으며, 2018년 공개한 운행 영상도 사실은 내리막길에서 차가 굴러간 것을 마치 운행한 것처럼 사기를 친 것이었다.* 하지만 이런 사실이 밝혀진 건 수년 뒤였기에 2020년 니콜라는 기업공개IPO에 성공해 시가총액이 33억 달러에 이르렀다. 차를 한 대도 만들지 못했는데 양산형 자동차의 원조인 포드자동차보다 높은 평가를 받은 것이다. 물론 아무 내실이 없었기에 영광은 오래가지 못했다.

그렇다면 거짓말은 항상 이런 몰락을 가져오는 것일까? 어차피 인과응보라면 별 효과 없는 전략 아닌가? 그럴 리가. 성공 사

니콜라가 공개한 시연 영상 일부. 얼핏 오르막을 달리는 것처럼 보인다. 니콜라는 12도 각도의 경사라고 설명했지만, 거짓이었다.

---

*   논란이 불거지자 니콜라는 자신들은 '움직임In Motion'이라고 표현했지 '운행 driving'했다고 하지는 않았다는 철학적 아무 말을 시전한다.

례도 수없이 많다.

2007년, 스티브 잡스가 최초의 아이폰을 발표했다. 프레젠테이션에서 그는 "전화기의 개념을 바꿀 혁신적이고 마술 같은 제품"이라며 자신만만하게 아이폰을 소개했다. 그리고 지금 우리는 잡스의 수사가 결코 과장이 아니었음을 안다. 하지만 문제는 잡스가 이 프레젠테이션을 할 때는 아이폰이 미완성 상태였다는 것이다. 시제품은 있었지만, 애플리케이션을 실행하면 먹통이 되었다. 심지어 전화기인데 통화 품질도 형편없었다. 잡스는 "미래가 왔다"고 떠들며 여유롭게 아이폰의 성능을 자랑했지만, 사실 그는 엔지니어들이 겨우겨우 작동하게 한 몇 가지 기능만 짜인 순서에 맞춰 정확히 보여준 것이다. 실수라도 하면 완전히 망할 수도 있는 발표였다. 하지만 그는 여유 넘치는 표정으로 세계를 속이는 연기를 선보였다.

그건 그 시점에서 보면 일종의 사기 행각이다. 그리고 이런 식의 과장—혹은 거짓—은 기업 초창기에 흔하게 볼 수 있다. '마이크로소프트Microsoft'의 창업자 빌 게이츠Bill Gates와 폴 앨런Paul Allen도 비슷한 경우가 있었다. 그들은 사업 초기 자금을 융통하기 위해 프로그램을 팔아야 했다. 그래서 개인용 컴퓨터를 만들던 '알테어Altair'사에 연락해 알테어에서 구동되는 소프트웨어를 만들었으니, 방문해 달라고 요청한다. 알테어의 CEO는 젊은이들의 패기에 감동해 직접 마이크로소프트를 방문하기로 한다. 아름다운 일화이긴 한데 마찬가지로 문제가 있었다. 당시 빌 게이츠와 폴 앨런은 소프트웨어를 완성하기는커녕 시

스티브 잡스, 아이폰이 세상에 등장한 날
그는 여유롭게 행동했지만 사실 떨고 있었다.

트레버 밀턴. 진짜 사기꾼.

작도 안 한 상태였다는 것이다. 그들은 시연일까지 남은 2개월 동안 미친 듯이 소프트웨어를 개발한다. 물론 제대로 테스트할 시간이 없었기에 시연장에서 그 소프트웨어가 잘 돌아갈지는 확신할 수 없었지만, 일단 해야 했고 다행히 성공한다.

그러니까 세계 시가총액 1위, 2위의 기업들도 한때는 거짓말을 했다. 성공했으니 망정이지 보기에 따라서 니콜라와 비슷한 수준의 심각한 사기 행각이라고 할 수도 있다. 스티브 잡스나 빌 게이츠를 사기꾼이라고 비난하는 게 아니다. 흔한 일이라는 것이다. 기업의 성장 과정에는 대부분 여러 거짓이 숨겨져 있다.

거짓말이 나쁜가? 칸트적으로 보자면 그렇다. 하지만 인생은 도덕책이 아니다. 사업은 더 그렇다. (설혹 거짓이라도) 자신 있게 말하고, (설혹 없다고 하더라도) 능력을 과시하는 것은 경영에서는 필수라고 해도 좋다. 그런 면에서 야심가와 사기꾼을 구분하는 것은 늘 어려운 일이다. 대충 운의 차이, 규모의 차이, 무엇보다 센스의 차이 정도인데, 알다시피 센스는 가르친다고 배울 수 있는 것은 아니다.

하지만 센스라고 퉁치고 넘어가면 여러분들이 사기 당했다고 느낄 수 있으니, 성공적인 거짓말의 가장 중요한 팁을 두 가지 알려주겠다. 먼저 앞서 말했듯이, 상대의 욕망에 올라타라. 밀턴도 여기까진 성공했다.

두 번째, 기간을 명확히 해라. 거짓말은 유효기간이 있다. 평생 안 걸리면 좋겠지만, 그건 운에 맡기고 일단은 속일 기간을 확실히 정해야 한다. 그 기간에 맞게 거짓말을 설계해야 상대를 속이기 쉽다. 뭔헨 협정에서 히틀러의 거짓말은 본격적인 전쟁을 준비하며 영국과 프랑스의 참전을 늦춘다는 목표가 있었다. 빌 게이츠는 일단 발표 기회를 가지는 것이 목표였다. 시연이 실패할 수도 있다고 생각했을 것이다. 하지만 시작하는 입장에서 실패한들 쪽을 파는 것 외에는 무슨 피해가 있겠는가.

이런 식으로 정해진 기간에 맞춰 상대를 속여야 한다. 원하는 바를 달성하기 전에 거짓말이 드러나면 역효과가 발생할 수밖에 없다. 그러니 기한이 길수록 실패 확률도 커진다. 니콜라의 거짓말은 기한이 없었다. '수소트럭을 개발할 때까지'라는 목적은 있었겠지만, 그건 사실상 기한이 없는 거짓이다. 기간이 정해져 있지 않고 무한대로 속여야 했기에 거짓말이 점점 더 커졌고 그럴수록 진실을 숨기기 어려워졌을 것이다. 그러니 결국 걸렸고, 걸리면 책임져야지. 영화 〈타짜〉의 대사처럼 "구라치다 걸리면 피 보는 거 안 배웠냐"를 가슴에 새기자. 거짓말의 기술은 사용하지 않는 게 제일 좋다. 가능하고 자신 있다면 당당

하게 도버해협 건너는 사람에게 시계 채우면 된다. 하지만 그런
실력이 있다면 이런 책을 보지도 않겠지.

진실을 제거하라

거짓말은 진실에 비해 훨씬 다양하고 흥미롭다. 현실에서도
소설 같은 일들, 영화를 뛰어넘는 다이나믹한 일들이 일어나곤
긴 하지만 정말 드물다. 그러니 그런 일이 벌어지면 특이하다며
뉴스에서 소개하는 것이다. 대다수의 삶은 특별할 것이 없다.
그러니 진실을 말해서 상대방의 흥미를 유발하는 건 여간 어려
운 게 아니다. 진실은 하나고 거짓은 다양하다. 진실을 제외하
고는 모두 거짓이다. 심지어 그 하나의 진실은 재미가 없다. 그
래서 역설적으로 진실에 매몰되기 시작하면 나아가지 못한다.
이건 일종의 태도에 관한 것이다. 진정한 실력자들은 진실을 말
할 때조차 연기하듯이 한다.

2015년 영국에서 어떤 사건이 세간을 떠들썩하게 했다. 당시
수상이었던 데이비드 캐머런David Cameron총리의 대학 동기가
그의 대학 생활을 폭로한 것이다. 특히, 캐머런이 옥스포드의 한
사교클럽에 가입했을 때 신고식에서 단원의 무릎에 돼지머리를
올리고 돼지 입에 성기를 집어넣는 행동을 했다는 일화가 너무
강력했던지라 '피그게이트'라는 이름이 붙었다.

미국과 영국 대학은 특유의 사교클럽 문화가 있는데, 신고식

이 한국 군대 저리 가라 할 정도로 악명이 높다. 특히 명문일수록 신고식이 엽기적인 경우가 많다. 이런 문화적 맥락을 알지 못하면 이 폭로가 끔찍할 것이다. 물론 맥락을 알고 봐도 역겨운 건 마찬가지다. 돼지머리에 성기를? 캐머런뿐 아니라 누구도 자발적으로 그런 짓을 하지는 않는다. 어떠한 취향을 가지신 분이 있다면 존중하지만 일반적인 취향이 아닌 건 분명하다.

그럼 캐머런을 포함해 클럽 신입생들은 어떻게 이런 행동을 할 수 있었을까? 모든 과정을 일종의 연기라고 생각하면 된다. 같은 직장에서 같은 일을 해도 사람마다 받는 스트레스 정도는 차이가 난다. 직장 스트레스를 덜 받는 사람들을 관찰하면, 직장에서의 자신과 직장 밖의 자신을 구분하는 경향이 강하다는 걸 알 수 있다. 어떤 업무라도 '어차피 일'이라고 생각하니 큰 고민 없이 받아들이고 감정 소모 없이 쉽게 처리한다. 상관이나 고객의 부정적인 피드백에 대해서도 그렇게 심각하게 받아들이지 않는다. 반면 스트레스가 큰 사람들은 일과 자신을 일체화하는 경향이 강하다. 당연히 스트레스도 비례해서 커진다.

이 사례는 묘한 그림을 만들어낸다. 그러니까 우리는 진정성이 없을 때 새로운 문화에 더 잘 적응할 수 있다. 캐머런의 대학 시절 여자친구의 증언에 따르면, 캐머런은 매우 깔끔하고 청결을 중시여기는 사람이었다고 한다. 그런 사람이 어떻게 돼지머리에 성기를 집어넣냐고? 방금 말한 것과 마찬가지다. 그냥 의례라고 생각하고 자신과 분리해버리는 것이다.

명문 사교클럽이 엽기적인 신고식을 하는 것은 어쩌면 그 사람의 일 처리 방식을 보는 것인지도 모르겠다. 할 일은 해야 하는 리더의 자질을 보는 거지. 그런 면에서 일면 사이코패스처럼 보이기도 한다. 고위층에 그런 성향의 사람들이 많다는데 이런 식으로 해석하면 그럴듯해 보인다.

그렇다고 단순히 성공을 위해 타인의 감정을 무시하고 삶을 연기하는 사이코패스가 되라는 말은 아니다. 삶을 연기하면서 스스로의 감정을 보호하면 업무 수행에 있어서도 더 나은 측면이 있다는 것이다. 그리고 역설적으로 그런 순간 타인의 평가도 좋아진다. 당신은 그냥 감정을 빼고 묵묵히 일할 뿐인데, 믿음직스럽고 신뢰 가는 동료가 되는 거지.

거짓말 DNA, 완벽한 진실은 없다

거짓이 들킬까 봐 과도하게 겁먹을 필요는 없다. 예를 들어보자. 작가인 내가 별다른 이유 없이 약속을 나가고 싶지 않을 때 하는 가장 쉬운 방법은 "원고 마감일이 다가왔다" 말하는 것이다. 상대방은 절대 진실을 밝힐 수 없는데, 왜냐면 내 말은 거짓이지만 거짓이 아니기 때문이다. 작가들은 거의 항상 무언가를 마감해야 한다. 그러니까 원고 마감일이 다가왔다는 핑계는 마치 회사 다니는 친구에게 술 마시자고 했더니 "내일 출근해야 해서 못 마신다" 말하는 수준의 변명인 것이다. 내일 회사에 가는 건 거짓이 아니지 않은가. 다만 '원고'라는 말이 더 그럴싸하게 들리는 거지. 물론 작가든 회사원이든 매력적인 상대가 술을 마시자고 했다면 내일 따위 고민하지 않을 것이다.

진짜 대놓고 하는 거짓말이 아니고서야 우리의 거짓말은 대부분 이런 수준이다. 거짓이지만 거짓이 아니다. 우리 삶에 완벽한 거짓이랄 건 별로 없다. 완벽한 진실도 없다. 그러니 결국 거짓의 성패를 좌우하는 건 얼마나 진정성을 담았느냐 하는 것이다. 가끔 진정성을 통해 거짓을 알아본다고 자부하는 사람을 만날 때가 있는데, 이런 사람들을 속이는 건 더 쉽다. 우리가 진정성이란 표현을 언제 가장 많이 사용하는가? 배우의 연기를 볼 때다. 그런데 연기 자체가 가짜 아닌가? 그걸 보며 진정성을 운운한다는 것 자체가 아이러니한 일이다. 인간은 가짜 감정에 쉽게 휘둘리고 공감하도록 설계되어 있고 그렇게 진화했다. 그리고 당연하게도 그 감정을 이용할 줄도 알게 진화했다.

그럼 마지막 질문. 나는 이 책에서 몇 번이나 거짓말을 했을까?

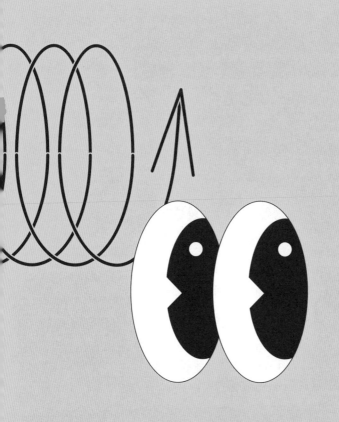

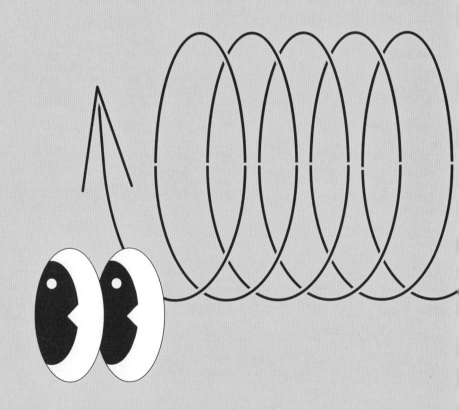

"인생이란 바둑판에 쓸모없는 돌은 없어."

웹툰 〈미생〉에 나오는 대사다. 좋은 말이다. 내가 한 모든 일은 다 나름의 의미가 있었다고, 지금 하는 수많은 뻘짓이 언젠가는 도움이 되는 한 수가 될 거라고 그렇게 믿으며 살아가려 노력하고 있다. 하지만 안타깝게도 삶에서는 반대로 느끼는 경우가 더 많은 것 같다. 특히 심혈을 기울인 무언가가 실패했을 때, 공들여 쌓은 탑이 와장창 무너질 때면 그간의 모든 행동이 쓸모없게 느껴지고 허무에 빠진다.

성공한 사람들의 인터뷰를 보면 짜기라도 한 것처럼 젊은 시절 방황하던 이야기가 꼭 등장한다. 그리고 그 이야기는 항상 "그 시절이 있었기에 지금의 내가 있다"는 식으로 훈훈하게 마무리된다. 혹시 이 말은 자신도 평범한 사람임을 어필해 대중의 공감을 끌어내기 위한 빈말일까? 형식적인 가식일까? 뭐, 일부는 그럴 수도 있겠지. 하지만 아마 대부분은 진정 그렇게 느꼈기에 그렇게 말하는 것일 게다.

영화를 공부할 때, 모 교수님이 이런 말씀을 하신 적이 있다.

"여기 대부분이 훌륭하다고 평가하는 영화가 있습니다. 사람들은 흔히 이 영화를 분석하며 a는 좋았는데 b는 나빴다는 식으로 말하곤 하죠. 가령 연출은 좋았는데 연기는 별로라든가, 영상은 좋았는데 사운드는 평범했다는 식으로요. 하지만 이건 이상한 말이에요. 훌륭한 영화는 모든 게 훌륭합니다. 물론 특정 부분이 안 좋아 보일 수도 있겠지만, 그건 그냥 느낌이에요. 반대의 경우도 마찬가지죠. 영화가 별로라면 촬영도 잘못된 것이고 연기도 잘못된 겁니다."

수업을 열심히 듣진 않았는데, 이상하게도 이 말만은 기억 속에 남아 있다. 교수님의 말이 어느 때나 다 맞는 건 아니었다. 사실 틀릴 때가 더 많았다. 세상은 수학 공식이 아니어서 완벽히 성공하는 것도 완벽히 실패하는 것도 없는 경우가 대부분이니까. 하지만 당시 교수님이 어떤 맥락에서 말씀을 하셨는지 이제는 조금 알 것 같다.

과거 유명했던 영화가 리메이크되는 경우를 보라. 이런 작품 대부분은 원작에 비해 좋은 평가를 받지 못한다. 이상하지 않은가? 이미 레퍼런스가 있고, 거기서 좋은 건 살리고 나쁜 건 버릴 텐데 어떻게 원작보다 더 안 좋은 평가를 받을 수 있는가? 그건 많은 경우 원작에서 약점이라 생각한 것들이 실은 약점이 아니기 때문이다. 버리고 보니 그 약점이 그 작품에 꼭 필요한 요소라는 걸 알게 되는 거지. 완벽한 사람은 완벽하지만 매력이 없고, 그래서 완벽하지 않은 것과 마찬가지다.

성공한 사람들이 말하는 '방황한 시절이 지금의 나를 만들었다'는 일화도 마찬가지다. 결과가 좋으니 그 사이 모든 과정이, 심지어 집에서 뒹굴거린 시간조차 그럴듯한 의미를 가지게 되는 거다. 우리 삶도 마찬가지고.

이 책에서는 역사적으로 성공했다고 평가받는 전략, 발표, 홍보, 꼼수를 다뤘다. 누구나 떠올릴 법한 너무 유명한 사례는 제외하고, 중요하지만 덜 알려진 경우나 유명인들의 잘 알려지지 않았던 일화를 중심으로 구성했다. 그런데 생각해보면 책에서 언급한 사례들조차 결과적으로는 성공했기 때문에 갖다 붙일 수 있었다는 생각이 든다. 그리고 성공했다는 지금의 평가도 시간이 지나면 얼마든지 달라질 수 있다. 한때 찬양받던 무언가가 쓰레기통에 처박히는 데는 그리 오랜 시간이 걸리지 않는다.

초고를 완성하고 나서 이 책을 왜 쓰게 되었는가를 다시 생각해보았다. 나는 글을 머리가 아니라 손으로 쓰는 타입이기 때문에 오히려 글을 쓰고 난 뒤에 내가 어떤 글을 쓰려고 했는지를 알게 된다. 쓰기 전 어렴풋이 떠올렸던 건 '안티 자기계발서' 정도였다. 성공하는 방식이 아니라 성공이란 것이 얼마나 우연적인가 하는 것을 이야기하는 그런 책. 이 책에서 언급한 방식을 동일하게 사용하고도 실패한 사례를 주변에서, 그리고 각자의 인생에서도 얼마든지 찾을 수 있을 것이다. 정확히 반대의 입장에서 책을 한 권 쓰라고 해도 쓸 수 있을 것 같다. 하지만 비아냥만으로는 책 한 권을 채울 수 없었기에 막상 완성된 결과물은 예상과는 달랐다. 아무리 비난해도 자기계발서에도 배울 점은 있게 마련이니까. 그래서 비아냥, 흉내, 메타적인 관점, 교훈이 마구 뒤섞인 잡탕 같은 책이 나왔다. 그리고 이건 전형적인 내 스타일이라 마음에 든다. (내가 책을 제대로 썼다면) 인생이 그러하듯이 우리는 책 한 권에서 배움과 허상을 동시에 간파할 수 있다. 그리고 거기서 배운다는 의미는 하나의 지식이 아니라 생각의 방식일 것이다.

노엄 촘스키는 한 인터뷰에서 "우리는 영웅을 찾기보다 좋은 생각을 찾아야 한다"고 말한 적이 있다. 비록 촘스키 선생의 대다수 업적이 시간이 지남에 따라 속속 틀린 것으로 밝혀지고 있지만, 그가 지향했던 가치만은 여전히 의미를 가진다고 믿고 싶다. 이 책에는 수많은 영웅 혹은 사기꾼이 등장하지만, 부디 여러분은 인물이 아니라 좋은 생각을 찾았기를 바란다. 하지만 찾지 못했다고 좌절할 필요는 없다. 그건 모두 작가인 내 탓이니까. 그렇다면 또 다른 책을 찾아 나서면 그만이다. 작가가 되고 나서 깨달은 한 가지는 세상에는 좋은 책이 너무도 많다는 것이다. 단지 무언가를 보여주지 못해 묻혀 있을 뿐.

책을 내는 가장 쉬운 방법

초고를 넘긴 후 편집자로부터 '작가 오후의 성공 방식'에 대한 이야기를 추가하면 좋겠다는 제안을 받았다. 그 자리에서는 선뜻 수락했는데(나는 은근 예스맨이다), 막상 쓰려고 하니 막막했다. 성공을 했어야 쓰지…. 하…. 방구석 축구 해설가가 실제로 축구를 잘하는 건 아니듯이 성공 방식에 관한 글을 썼다고 해서 꼭 성공하리란 보장은 없다. 그래도 어찌 됐든 책을 내고 작가라는 타이틀을 얻었으니 책을 내는 방법에 대해서라면 내 경험과 더불어 약간의 노하우를 알려줄 수 있을 것 같다. 잊지 마라. '좋은 글을 쓰는 방법'이 아니라 순전히 '책을 내는 법'이다. 글은 뭐, 알아서 쓰시라.

자기 책을 내는 3가지 방법

책을 내고 싶은가? 그렇다면 크게 3가지 길이 있다.

가장 쉬운 건 유명해지는 것이다. 어느 분야든 상관없다. 심지어 악명도 상관없다. 이유 불문 당신이 유명해지면 사람들은 당신의 글에 관심을 가질 것이고 출판사들 역시 당신의 책을 내고 싶어 할 것이다. 이 방법의 가장 큰 장점은 글 실력이 별로 필요 없다는 것이다. 글을 잘 쓰면 좋지만 못 써도 출판사에서 대안을 마련해준다. 대담 형식을 취하든, 보조 작가를 붙이든 어떻게든 그럴싸하게 만들어 줄 것이다. 가장 쉬운 방법이지만, 나를 포함해 이 글을 읽는 독자의 99%는 자격 요건을 갖추기 어려울 테니 넘어가도록 하자.

두 번째는 첫 번째 방법보다 품은 많이 들어도 누구나 할 수 있는 방법이다. 바로 직접 내는 것이다. 자비 출판 또는 독립 출판이라고 한다. 본인이 글을 쓰고 편집을 하고 디자인과 인쇄까지 모두 총괄한다. 비전문가가 그걸 어떻게 하나 싶겠지만, 전문가라고 모든 일을 혼자서 하겠는가. 필요하다면 단계별로 하청을 줄 수 있다. 최근 1인 출판사가 많은 이유도 이런 업계 구조가 잘 구축되어 있기 때문이다. 당연히 비용이 들어가지만, 책을 내는 것이 인생 목표라면 최저임금을 받는 월급쟁이도 시도할 수 있을 정도의 금액이다(물론 꽤 오래 모아야 한다). 이 방식의 가장 큰 장점은 내용부터 표지 디자인까지 100% 본인이 원하는 형태로 책을 만들 수 있다는 것이다. 출판사와의 작업은 협업이다. 작가 의견은 존중받지만 100% 관철되는 것은 아니다. 99%를 멋대로 해도 1% 때문에 내 작품이 아닌 것처럼 느껴지는 게 글이고 예술이다. 그러니 온전한 나만의 작업을 만들고 싶다면 자비 출판이 최선이다. 단점은 판매다. 단순히 책을 내는 것이 목표라면 이보다 더 좋은 방법이 없겠지만, 책을 팔고 널리 읽히도록 하기에는 혼자서는 한계가 있다. 출판사가 단순히 책만 찍는 건 아니다. 기획, 제작, 유통, 홍보 등에서 전적인 역할을 한다. 자비 출판을 해서 성공한 책이 없는 건 아니지만 앞에서 말한 첫 번째 방법보다도 확률이 낮다.

마지막 방법, 내가 선택한 방식이자 여러분께 이야기할 방법은 출판사에서 내주는 것이다. 이 방법의 최고 장점은 편하다는 것이다. 당신은 그냥 글만 쓰면 된다. 그러면 부수적인 것들은 출판사에서 해결해준다. 음… 아직 책이 나가지도 않았는데 여러분들의 분노가 느껴진다. 출판사에서 내주는 게 당연히 좋겠지! 그걸 누가 모르겠어? 그런데 출판사에서 유명인도 아닌 아무개의 책을 내주겠냐고. 여기서는 내 경험이 도움이 될지도 모르겠다.

30대 백수는 어떻게 작가가 되었나

나는 2018년 《우리는 마약을 모른다》라는 책으로 데뷔했다. 이 책을 내기 전까지 나는 완벽한 무명이었다. 데뷔 전에 무명인 건 언뜻 당연한 말 같지만, 현실은 그렇지 않다. 소설이나 시 같은 일부 문학 작품을 제외하고 대부분 책은 한 분야에서 어느 정도 업적을 이룬 분들이 쓴다. 우리가 저자 이름을 처음 들어본다고 해서 진짜 아무개인 경우는 드물다. 하지만 당시의 나는 업적은 고사하고 직업도 변변하지 않았다. 대학은 다니다 말았고(흔히 고졸이라고 한다), 토익·토플·텝스는 점수가 낮은 게 아니라 아예 쳐본 적도 없었다. 20대부터 일을 했기에 사회 경험은 많은 편이었지만, 내가 한 일은 대부분 아르바이트에 가까운 비정규직이었다. 기자와 방송국 작가 생활도 잠깐 했으나 간판만 그럴싸할뿐 현실은 최저임금 비정규직이었다. 물론 내 배경을 생각해보면 이것도 운이 좋았다고 할 수 있다. 공채 같은 일반적인 절차였다면 아마 서류에서 바로 탈락했을 것이다. 급하게 생긴 자리에 급하게 사람이―그러면서도 딱히 임금을 많이 줄 필요는 없는 사람이― 필요했는데, 운 좋게도 그게 나였다.

　하지만 사람이란 굴러들어온 복에는 늘 별 관심이 없게 마련이다. 나 역시 그랬다. 내 콘텐츠를 만들고 싶은 욕심에 기껏 들어간 자리를 구질구질하게 걷어차고 나왔다. '시원하게'라는 수식어는 못 붙이겠다. 미래를 내다봤다면 이쯤에서 당연히 유튜브를 선택해야 했는데, 그런 선견지명은 없었다. 자전거로 출퇴근하며 오디오 콘텐츠를 즐겨 듣던 나는 자연스레 팟캐스트를 떠올렸다. 그렇게 1년 넘게 팟캐스트를 만들며 시간을 보냈다. 하지만 이건 직업이라기보다 취미 생활에 가까웠다. 자고로 돈을 벌어야 직업 아니겠는가. 청년지원사업을 운영하던 서울시에서 약간의 지원금을 받고 광고도 몇 차례 따냈으나 제작비만 겨우 회수하는 수준이었다. 방송을 만드는 기간 들어간 비용 (특히 뒤풀이 비용)을 생각해보면 오히려 마이너스였다. 그렇게 다시 백수가 된다. 서른을 훌쩍 넘었고 마땅한 경력도 모아놓은 자금도 없었다. 그 나이 때 누구나 그렇다면 그런 거겠지만, 나는 한없이 불안했다. 그나마 다행인 점은 방송국 작가 시절과 팟캐스트 제작자 시기를 거치며 상당한 자료를 적립해 놓았다는 것이었다.

여기까지가 책을 쓰기 직전 내 사정이다. 그럼 왜 책을 쓰기로 했는가? 모든 일이 그렇듯이 단 하나의 이유로 결정한 건 아니다. 우리는 소설과 드라마에 익숙해서 삶에도 명확한 플롯이 있길 기대한다. 그러나 우리의 삶은 하나의 플롯으로 정리하기에는 쓸데없이 복잡하다. 내 글이나 인터뷰를 찾아보면 첫 책을 쓰게 된 이유와 '마약'이라는 주제를 선정한 것에 대해 그때그때 다르게 말하고 있는 것을 확인할 수 있다. 지인들은 내게 입만 열면 거짓말이라며 타박을 하지만, 모든 이유는 동시에 존재한다. 모두 진실이며 모두 거짓이다.

일단 가장 직접적인 동기는 많은 수컷이 그렇듯 구애 행동이었다. 불안한 건 불안한 거고 연애는 또 해야지. 당시 썸을 타던 상대에게 내 이름으로 된 책을 선물해야겠다는 생각이 들었다. 이 전개가 이해가 안 될 텐데, 구구절절 사정을 설명할 순 없으니 그럴만한 상황이었다고만 하자. 그런데 이 아이디어를 떠올리고 나니 책을 내는 것이 내게도 돌파구가 될 것 같았다. 일단 앞서 말했듯이 나는 30대에 백수가 됐다. 그리고 마땅한 학벌이나 경력도 없었다. 나이에 어울릴만한 경력이 필요했다. 가장 일반적인 건 대학에 다시 들어가 학업을 마치는 것이었겠지만, 들이는 시간과 비용에 비해 효율이 떨어지는 것처럼 보였다. 그런데 내 이름으로 된 책을 갖는다? 대학 졸업장보다 훨씬 빠르고 효과적이지 않겠는가. 앞서 말했듯이 일반적으로 경력이 있는 사람들이 책을 쓴다. 그래서 사람들은 누군가 자기 이름으로 된 책을 가지고 있다는 사실만으로도 멋진 경력이 있다고 착각하는 경향이 있다. 속인다는 게 아니라 사람 심리가 그렇다는 거다.

그렇게 사랑과 명예를 걸고 책을 내기로 했다. 유명하지 않고 자비 출판할 돈도 없으니, 원고를 직접 투고하기로 결정했다. 이제 소재를 정할 차례다. 쌓아 놓은 자료는 많았다. 책의 콘셉트를 생각해보면, 여기서부터는 철저한 계획하에 사업적인 시각으로 접근했다… 고 말해야 하지만, 사실은 썸의 연장선에서 이미 '마약'으로 정해져 있었다. 이것도 비하인드 스토리가 있지만, 어차피 나 외에는 다 오글거릴 테니 넘어가자. 그런데 이번에도 일단 정하고 나니 꽤 그럴듯해 보였다.

생각해보라. 출판사에 얼마나 많은 원고가 들어오겠는가? 돈벌이에 대한 내 지론은 '내가 할 정도면 다른 사람들은 이미 다 하고 있다'는 것이다. 나 같은 아무개가 보낸 투고 메일이 출판사마다 한 달에도 수십 편, 많으면 수백 편씩 쏟아져 들어올 것이다. 투고한 이들에게야 모두 자식같이 소중한 작품이겠지만, 그걸 담당하는 직원은 얼마나 귀찮을지를 짐작해보라. 한두 편쯤 읽다가 영혼이 어딘가로 가출할 것이다. 그러니 투고 원고는 집 나간 영혼의 멱살을 끌어다 제자리에 앉힐 정도로 강력해야 한다. 탁월한 글솜씨가 있다면 그것으로도 충분하겠지만, 그렇지 않다면 자극적인 소재를 사용하는 것만큼 쉬운 게 없다.

나는 데뷔작 이후 과학입문서, 영화 에세이, 연애 에세이 같은 다소 평범한(?) 책을 내 왔다. 그런데 만약 이 책들을 첫 책으로 투고했다면 받아주는 출판사가 거의 없었을 것이다. 글이 부족해서가 아니다. 순수하게 글 수준만 놓고 보면 당연히 후에 나온 책들이 더 낫다. 하지만 나의 소소한 성장과 무관하게 과학, 영화, 연애 이런 소재는 투고 원고로는 살아남기 어렵다(물론 당신이 그 분야의 전문가라면 이야기가 달라질 수 있다). 이미 그런 책은 차고 넘친다. 이런 상식적인 책을 낼 때는 지명도가 중요하다. 그러니 이런 소재라면 웬만큼 잘 쓰지 않고서야 출판사에서 무명작가의 책을 내줄 리가 없다.

간추리면 '사람들의 호기심을 자극하는 특별한 책을 써라' 정도 되겠지. 그런데 여기서 문제가 있다. 대중이 관심 가질 자극적인 소재의 책은 이미 시장에 나와 있을 확률이 높다. 출판사나 다른 작가들도 다 우리와 비슷하게 생각하지 않겠는가? 여기서 또 반대로도 생각해보면 지금까지 관련 책이 별로 나오지 않았다면, 그건 대중이 별 관심을 주지 않는 소재일 확률이 높다. 흔하지 않은데는 다 이유가 있는 법이다. 여기서 우리는 모순에 봉착한다. 흔하지 않으면서 동시에 적절히 관심을 끌어 호기심을 자극할만한 구체적인 소재를 찾아야 한다.

'마약의 역사'는 이 정의를 만족시키는 몇 안 되는 소재였다. 개요를 짜고 나서 확신했다. 이 책은 내가 누군지와 무관하게 출판사 성향에만 맞으면 얼마든지 내줄만한 책이라고. 그 당시에도 마약을 주제로 한 책이 몇 권 있었지만 대부분 전문서였고, 대중서라고 해도 내 책과는 방향이 달랐다. 그리고 내 예상은 정확히 적중했다. 지금 돌이켜봐도 신들린 선택이다. 내가 그 어떤 소재로 글을 썼어도 이보다 잘 됐을까 싶다. 당시 내가 첫 책으로 잠깐이나마 생각했던 건 마약 외에 장기밀매, 사제 총기, 아나키즘 정도였는데 모두 흥미로운 소재지만 마약만큼 위 조건에 부합하진 않는다.

물론 여기까지는 순전히 나 혼자만의 생각이었다. 자신은 있었지만 실제 출판사가 어떻게 돌아가는지 몰랐으므로 책을 낼 수 있다는 확신은 없었다. 그래서 추가 노동을 최소화했다. 팟캐스트를 하면서 돈을 못 벌었던지라 확신이 없는 일에 시간을 쓰고 싶지 않았다. 《우리는 마약을 모른다》 구판을 찾아보면 모든 문장이 재수 없는 구어체로 된 것을 확인할 수 있는데, 이건 내가 방송 대본용으로 작성해 말하는 투인 원고를 그대로 냈기 때문이다. 고칠 시간도 없었다. 최대한 빨리 책을 내야 했다.

30곳 이상의 출판사에 투고 원고를 보냈고, 그중 5곳에서 관심이 있다는 연락을 받았다. 민감한 소재를 가볍게 다루는 책이었기에 몇몇 출판사에서는 큰 폭의 수정을 요구했지만, 앞에서 말한 이유로 수정에 시간을 쓰고 싶지 않았다. 수정 없이 내준다고 한 동아시아 출판사와 그렇게 계약을 했다.

동아시아 출판사와의 계약은 최고의 수가 됐다. 동아시아는 과학 전문 출판사다. 김상욱, 정재승 등 유명하고 공신력 있는 과학자들이 이 출판사에서 책을 냈다. 내게 없는 것은 독자에게 주는 신뢰였다. 이건 편견 같은 게 아니다. 저자 소개에 헛소리만 잔뜩 늘어놓은 필명을 사용하는 작가를 독자가 믿을 이유가 없다. 그런데 출판사의 명성 덕분에 자극적인 소재를 가볍게 다루었음에도 이 책에 어느 정도 신뢰가 생겼다. 《우리는 마약을 모른다》는 유명인들의 글에도 몇 차례 인용되었는데, 이 역시 출판사가 가지고 있던 신뢰 덕분이라고 생각한다.

나름 속도전을 펼쳤음에도 투고부터 출판까지 1년이 걸렸다. 썸녀와 잘해보려던 계획은 그사이 실패로 돌아갔다. 하지만 경력을 만든다는 부수적인 목적은 초과 달성했다. 이 책은 그 해 세종도서 교양부문에 선정됐고, 10쇄 넘게 찍었고, 끊임없이 터지는 마약 사건 덕에 아직까지도 팔리는 스테디셀러가 됐다. 출판 제의도 쏟아졌다. 신나서 계약을 남발했다가 약속한 책들을 지금도 다 쓰지 못하고 있다. 아무튼 이 책 덕분에 나는 마감에 쫓기는 어엿한 작가가 됐다.

투고에 관한 소소 팁

무명작가가 출판사에 원고를 보내는 방식은 크게 2가지가 있다. 하나는 나처럼 무작정 투고하는 것이고, 하나는 공모전과 같이 출판사에서 벌인 판에 참여하는 것이다. 얼핏 생각하기에 공모전을 더 좋은 기회라고 여기기 쉽다. 그러나 순전히 출판이 목적이라면 투고의 성공확률이 더 높다고 생각한다.

공모전은 출판사가 일종의 판을 벌인 것이다. 당연히 많은 작품이 단기간에 쏟아진다. 그러면 당연히 좋은 글도 여럿 있을 테고 어쨌건 경쟁이기 때문에 작품 간 비교도 피할 수 없다. 그렇기에 내 원고의 단점도 더 극명하게 드러난다. 반면 투고는 (비록 영혼이 가출했다 해도) 나 혼자 평가받는다. 정해진 시기도 없으니 내고 싶을 때 내면 된다. 무엇보다 수많은 출판사에 동시에 투고할 수 있다. 출판사 30곳에 보낸다면 30개의 공모전에 응모하는 것과 마찬가지다. 그러니 굳이 공모전을 기다리지 말고 원고가 완성됐다 싶으면 즉각 투고해라. 그게 시간을 아끼는 법이다. 방망이 깎는 노인처럼 다듬고 다듬어서 완벽한 상태에서 공개하겠다고 생각할 수도 있는데, 어차피 출판사에서 출간을 결정하면 그때부터 다시 다듬어야 하니 굳이 미리 다듬을 필요 없다. 그리고 간과하는 점이 있는데 글에도 유통기한이 있다. 그러니 최대한 신선할 때 모가지를 따서 보내라. 시류에만 맞으면 내용이 부실해도 출간까지 달릴 수 있다.

다만 공모전의 경우, 그 자체가 마케팅 포인트가 되기 때문에 수상할 자신만 있다면 더 나은 선택일 수 있다. 특히 소설의 경우 저자의 지명도가 어느 장르보다도 중요한데, 'XX대회 수상작'이라는 수식어가 부족한 지명도를 채워줄 수 있다.

그럼 투고는 어떻게 하면 되는가?

인터넷으로 출판사에 원고를 보내면 된다. 아마 여러분 중 대다수는 출판사 이름을 5개 이상 모를 텐데, 그럴 때는 PC든 어플이든 온라인 서점에 접속해서 자신이 내고자 하는 책이 포함되는 분야의 '베스트셀러' 항목을 눌러보라. 나의 경우에는 역사·인문·사회 분야를 살폈다. 1위부터 100위까지의 출판사명을 확인하면 중복을 제외하고도 30개 이상의 출판사가 나온다. 그 이름들을 검색하면 홈페이지가 나온다. 투고란이 마련되어 있으면 그곳에 올리고, 없으면 이메일을 보내면 된다. 이메일 주소는 보통 다 게시해 놨다. 복잡하게 들리지만 넉넉하게 반나절 정도만 고생하면 끝이다.

평소 마니아 수준의 독서를 즐기는 일부 독자들은 출판사에 대한 호불호가 있을 수 있다. 그래서 뚝심 있게 특정 출판사에만 원고를 보내는 이들이 있는데—난 꼭 '생각의힘'에서 출간하겠어—, 투지는 좋으나 딱히 추천하는 방법은 아니다. 이름을 전혀 모르는 곳이라도, 심지어 싫어하는 출판사라도 일단 투고해라. 나만 해도 30곳에 보내서 5곳에서 오퍼를 받았다. 앞서 말했듯이 그렇게 운이 좋았는데도 성사율이 16.7%인 셈이다. 당신이 선호하는 출판사는 타인도 선호할 확률이 높다. 당연히 경쟁이 치열할 것이다. 어디서든 일단 첫 책을 내야 출판사의 선택권도 넓어진다. 대학으로 치면 원하는 과에 바로 입학하는 것보다 편입이 더 쉬운 것과 비슷하다.

투고 후에는 무엇을 해야 하는가? 뭐 하겠어, 기다려야지. 작가가 되면 바빠질 테니 미리 머리도 하고 옷이 필요할 테니 깔끔한 정장도 한 벌 사면서 김칫국 드링킹을 하자. 빠르면 일주일 내로, 늦으면 한 달쯤 지나 출판사로부터 연락이 온다. 두 달이 지나서 연락이 오는 곳도 있긴 한데, 그렇게 시간을 끌고 싶진 않을 테니 한 달이 지나면 그냥 떨어진 것으로 간주하자.

만약 30곳에 보냈는데 단 1곳에서도 긍정적인 답변이 오지 않는다면, 자신의 글을 냉정하게 돌아볼 필요가 있다. 노회한 출판사들이 새로운 가치를 몰라보는 것일 수도 있지만, 출판사에서 보는 눈이 대개 정확하다. 그 사람들 하는 일이 앉아서 글보고 다듬는 건데 그 정도는 알아보겠지. 완전하진 않아도 '커트라인' 정도는 맞춘다고 볼 수 있다. 만약 30곳에 보냈다면 30개의 커트라인 어디에도 들지 못했다는 의미다. 이런 말을 하면 반례로 등장하는 것이 '해리포터 시리즈'다. 조앤 롤링이《해리포터와 마법사의 돌》원고를 무려 12번이나 거절당했다는 이야기. 그런데 투고해본 사람 입장에서 말하자면, 고작 12번이다. 우리는 투고 메일을 30곳에 보냈다. 그중 3분의 1은 메일을 읽지조차 않았을 것이라고 정신 승리 하더라도, 어쨌든 20번은 거절당한 셈이다.

이렇게 실패했을 때 포기하지 못하고 글을 다듬어서 다시 보내는 불굴의 인간들이 있다. 포기하지 않는 그 정신 존경한다. 하지만 단순히 글을 다듬는 정도로는 절대 안 된다. 그런 미세한 변화를 월급쟁이들이 알아볼 것으로 기대하지 마라. 세세하게 말 바꾼 그거 작가 본인 외에는 알지도 못한다. 출판사도 전체적인 틀과 가능성을 살피며 가늠하지 사소한 세부 묘사로 원고를 채택하진 않을 것이다. 그러니 재도전할 생각이라면 글을 완전히 새로 쓴다고 생각하고 과감하게 바꿔야 한다. 모르긴 몰라도 조앤 롤링 역시 수차례 거절당하면서 완성한 글은 처음 투고했던 글과 완전히 달랐을 것이다.

 마지막으로 꼭 해야 할 말이 있다. 나는 운이 좋은 사람이다. 살면서도 그렇고 작가가 되는 과정에서도 그랬고, 지금도 마찬가지다. 그런데 운이 좋다고 자부하는 나조차도 삶이 참 팍팍하다. 늘 시간과 돈에 쫓기고 원하는 대로 풀리지 않는 인간관계에 스트레스를 받으며 스스로를 갉아먹는다. 그래서 가끔 이런 생각을 한다. 운이 좋아도 이 모양인데 운이 나쁜 사람들은 얼마나 힘들까?
 누군가는 분명 좋은 글을 쓰고서도, 심지어 내가 말한 모든 규칙을 따랐음에도 어떤 이유에서든 책을 내지 못했을 것이다. 글을 쓰고 싶으나 쓰지 못한 이들, 썼으나 출판하지 못한 이들, 나를 포함해 출판했으나 빛을 보지 못한 이들, 그 모두에게 심심한 위로의 말을 건넨다. 당신이 한 일 혹은 하지 못한 일의 많은 부분은 사실 당신 탓이 아니다.

참고한 자료들

1. 단행본

· 김재휘, 《친환경 전기동력 자동차》, 골든벨, 2021년.
· 진수, 《정사 삼국지: 위서 1, 위서2, 오서, 촉서》, 휴머니스트, 2018년.
· 오후, 《믿습니까? 믿습니다!》, 동아시아, 2021년.
· 이혁진, 《사랑의 이해》, 민음사, 2019년.
· 김정운, 《에디톨로지》, 21세기북스, 2018년.
· 안성은, 《믹스 Mix》, 더퀘스트, 2022년.
· 마르틴 카파로스, 《나는 모나리자를 훔쳤다》, 랜덤하우스코리아, 2007년.
· R. A. 스코티, 《사라진 미소》, 시사IN북, 2010년.
· 카를 슈미트, 《정치적인 것인 개념》, 살림, 2012년.
· A. J. P. 테일러, 《지도와 사진으로 보는 제1차 세계대전》, 페이퍼로드, 2020년.
· A. J. P. 테일러, 《지도와 사진으로 보는 제2차 세계대전》, 페이퍼로드, 2020년.
· 사마천, 《사기열전 1, 2》, 민음사, 2020년.
· 요시카와 에이지, 《삼국지 원전 완역판 세트(1~10)》, 코너스톤, 2020년.
· 로버트 맥키, 《Story : 시나리오 어떻게 쓸 것인가?》, 민음인, 2002년.
· 폴 존슨, 《지식인의 두 얼굴》, 을유문화사, 2020년.
· 세바스찬 말라비, 《헤지펀드 열전》, 첨단금융출판, 2011년.
· 톰 필립스, 《진실의 흑역사》, 월북, 2020년.

2. 기사, 칼럼, 보고서, 보도자료 등

· 김형민, 〈도둑맞은 후, 프랑스의 보물이 된 모나리자〉, 《시사IN》, 687호, 2020년.
· 이정원, 〈나도 내 차가 있으면 좋겠다2〉, 《브런치북》, 2022년.
· 박현숙, 〈두 번째 '붉은 태양' 시진핑 떠오르다〉, 《한겨레21》, 2022년.

· "LA의 봉이 김선달이 '물' 하나로 찐 팬을 만드는 방법", 〈시티호퍼스〉, 2022년 8월 16일.
· "후진타오 '끌려가듯 퇴장' 직전 시진핑 지시 있었다", 〈JTBC뉴스룸〉, 2022년 10월 25일.
· 최미혜, "남양유업 '동서식품 커피에 카제인… 소비자 기만'", 〈컨슈머타임스〉, 2012년 3월 15일.
· 어기선, "[역사속 오늘리뷰] 11월3일 공업용 우지 파동 발생", 〈파이낸셜 리뷰〉, 2022년 11월 3일.
· 김현진 · 김현수, "[토요판 커버스토리] 명품 상륙 30년", 〈동아일보〉, 2013년 5월 25일.
· 이나리, "손정의 소프트뱅크 회장의 삶과 경영", 〈중앙일보〉, 2011년.

· 한국식품안전연구원 보도자료, 〈커피믹스에 사용되는 카제인의 안전성을 밝힌다〉, 2012년 3월 13일.
· 통계청, 〈2020년 임금근로일자리 소득(보수) 결과〉, 2022년.
· 대학내일20대연구소, 〈패션 명품 브랜드 인식 및 소비 실태 조사〉, 2019년 9월 18일.

· 국사편찬위원회 우리역사넷, 〈[서울올림픽] 손에 손잡고, 벽을 넘어서〉
· 국가보훈부 공훈전사자료관, 〈[이달의 독립운동가] 이인영〉, 1993년 9월.

· Nadja Sayej, "Artistic license? Experts doubt Leonardo da Vinci painted $450m Salvator Mundi", The Guardian, 2017.11.20.

· Adam White, "France should sell Mona Lisa 'for €50bn' to cover coronavirus losses, tech CEO suggests", Independent, 2020.5.19.

· Duncan Campbell, "Jury finds Winona Ryder guilty of theft", The Guardian, 2002.12.12.

· India roby, "Winona ryder is back with another MARC JACOBS campaign", NYLON, 2022.07.01.

· Erin Black, "Founders Martin Eberhard and Marc Tarpenning tell the story of the early days at Tesla Motors", CNBC, 2021.2.6.

· Dhani Mau, "TOMS shifts away from one for one, the giving model it originated", Fashionista, 2019.11.20.

· Eliza Ronalds-Hannon and Kim Bhasin, "Even Wall Street Couldn't Protect Toms Shoes From Retail's Storm", Bloomberg, 2018.5.3.

· Zachary Green, "How Liquid Death's 40-year-old founder turned 'the dumbest name' and a Facebook post into a $700 million water brand", CNBC. 2022.11.26.

· Karen Heller, "Liquid Death is a mind-set. And also just canned water", 2023.7.17.

· Michael Baggs, "Greta Thunberg's Atlantic crossing: 'Why I wanted to help'", BBC, 2019.12.4.

· Kate Connolly, "Greta Thunberg in Twitter spat with German rail firm", The Guardian, 2019.12.15

· Anandita Sabherwal, Sander van der Linden, "Greta Thunberg effect: people familiar with young climate activist may be more likely to act", The Conversation, 2021.2.4.

· Isabella Gomez Sarmiento, "A Rolex for a Casio: Why Shakira's new song is breaking records", NPR, 2023.1.17.

· Nathaniel Lee, "How Quentin Tarantino steals from the history of cinema", Business Insider, 2020.1.7.

· "Nikola: How to Parlay An Ocean of Lies Into a Partnership With the Largest Auto OEM in America", Hindenburg Research, 2020.9.10.

· Nadia Khomami, "David Cameron, a pig's head and a secret society at Oxford University – explained", The Guardian, 2015.9.21.

3. 영상 및 웹사이트

· 〈더 글로리〉, 2022~2023년.
· 〈공동정범〉, 2016년.
· 〈두 개의 문〉, 2012년.
· 〈대진제국4: 대진부〉, 2020년.
· 〈사마의: 미완의 책사〉, 2017년.
· 〈사마의2: 최후의 승자〉, 2018년.

· 〈KBS 다큐극장 1회: 88 서울올림픽, 신(神)이 내린 한 수〉, 2013년.
· 〈KBS 뉴스: 서울올림픽 개막식〉, 1988년.
· 〈KOCW: 세계외교사 서강대학교 이근욱〉, 2012년 2학기.
· 〈14F 소비 더 머니: 롤렉스〉, 2020년.

· 그레타 툰베리 트위터 https://twitter.com/GretaThunberg
· 앤드류 테이트 트위터 https://twitter.com/Cobratate

· 테슬라 홈페이지 https://www.tesla.com/ko_kr
· 리퀴드 데스 홈페이지 https://liquiddeath.com/en-kr

· 롤렉스 홈페이지 https://www.rolex.com/ko

4. 이미지 출처

p.30 (위) 〈아메리칸 퀼트〉 포스터 및 스틸컷

(아래) KBS 뉴스 https://mn.kbs.co.kr/news/pc/view/view.
do?ncd=301139

p.31 마크 제이콥스 인스타그램

p.35 CNBC 유튜브

p.38 테슬라 홈페이지

p.47 서울역사아카이브

p.52 아산정주영닷컴

p.53 (위) 서울기록원

(아래) 서울역사아카이브

p.56 (가운데) 서울역사아카이브

p.84 〈대진제국4: 대진부〉

p.90 〈공동정범〉 스틸컷

p.94~100 리퀴드 데스 홈페이지

p.107 〈삼국지 14〉

p.118 〈대군사사마의〉 포스터

p.130 〈삼국지 패도〉

p.134~136 트위터

p.145 〈TIME〉 2019.12.4.

p.149 동서식품 홈페이지

p.156 삼양식품 홈페이지

p.156 〈조선일보〉 1989년 11월 5일.

p.163 나이팅게일 뮤지엄https://www.florence-nightingale.co.uk/stay-
at-florences-childhood-home-in-lea-hurst/

p.180 (위) ©unslash Blaz Abe
p.185~188 롤렉스 홈페이지
p.207 (가운데)〈용호풍운〉
　　　(아래)〈저수지의 개들〉
p.225〈드래곤볼〉
p.238 미국철학학회 https://www.amphilsoc.org/node/762

그 외 본문사진 ©Wikipedia

감사와 저주의 글

책을 여러 권 썼지만 탈고할 때 받는 즐거움은 사라지지 않는다. 이 즐거움을 위해 일부러 고통스러운 시간을 쌓는 게 아닌가 싶을 정도로. 더러운 비유를 하자면… 여기까지만 해도 알겠지.

이런저런 오류를 바로잡느라 우상희 편집자님이 고생을 많이 했다. 동료는 언제나 고마운 존재다. 홀로 일하는 작가에게 그나마 동료라고 할 수 있는 이가 있다면 담당 편집자가 아닐까 싶다. 그 외에도 많은 분들이 이 책을 위해 고생을 해주신 것으로 안다. 만난 적은 없지만 그 모든 분께 감사의 인사를 전한다. 그리고 생각의힘 김병준 대표님께는 감사보다는 사죄의 말을 드리고 싶다. 처음 책을 쓰기로 한 지 한참이 지나, 심지어 전혀 다른 주제로 책을 써버렸으니, 사실상 사기를 친 것임에도 늘 웃음으로 맞아 주셨다. 자기 멋대로인 저자들 상대하려면 출판사 일도 쉽지 않을 것 같다.

여전히 내 곁에 있어 주는 가족과 친구들에게도 감사의 말을 전한다. 살다 보면 고마운 사람들이 늘어난다. 그들 모두가 행복하길 바라는데, 그러기에는 세상에 너무 많은 아픔이 있는 것 같다. 이 책을 통해 받은 인세 전액은 주변의 가난한 예술가들을 위해 사용할 생각이다. 알고 지내는 예술가들이 몇 있는데, 안타깝게도 그들은 누구보다도 (심지어 스타트업 대표들보다) 돈 이야기를 많이 한다. 그렇게 치이면서도 무언가를 꾸준히 해나간다는 것이 부러우면서도 안타깝다. 부디 이 책이 많이 팔려나가 그들 작업의 밑바탕이 될 수 있길 빈다. 물론 이렇게 대인배 놀이를 할 수 있는 건, 인세가 몇 푼 안 된다는 걸 작가인 내가 가장 잘 알고 있기 때문이지. 이렇게라도 그들에게 진 마음의 빚을 갚고 싶다. 혹시 아는가, 이 책이 종전의 히트를 기록해서 배가 아플 정도로 많이 팔리게 될지. 백만 부가 넘게 팔리더라도 이 약속은 꼭 지키도록 하겠다.

이번 책에도 내 책의 유구한 전통에 따라 보너스 꼭지가 있다. todayohoo@gmail.com으로 어떤 식으로든 구매 인증을 해 주시면 편집 과정에서 덜어낸 미수록 원고를 보내드린다. 책을 만들다 보면 편집 과정에서 꼭 덜어내야 하는 부분이 생기는데, 작가 입장에서는 그런 부분에 더 애착이 간다. 그나마 책을 구매하신 분들에게 추가로 무언가를 줄 수 있게 됐다는 것이 작은 위안이다. 책을 구입하고 읽어 주신 모든 분께 감사드린다. 너무도 당연한 말이지만, 독자가 있기에 작가가 존재한다.

이 책을 처음 기획했을 즈음에는 전 세계의 주식시장이 달아올랐고, 코인과 부동산도 미친 듯이 올랐다. 사람들은 투자할 곳을 찾느라 모두 들떠 있었다. 당연히 이 책에서 보여준 기술을 소유한 이들도 물 만난 물고기마냥 활개 치고 다녔다. 그들은 그럴듯한 위치에 올라 자신의 성공에 대해 신나게 떠들었다. 그런데 책을 완성할 때쯤 세계는(특히 한국은) 불경기에 빠져들었다. 물이 빠지면 누가 바지를 벗고 있었는지 드러나는 법이다. 누가 허풍쟁이고 사기꾼이었는지. 이야기꾼으로서 곧 드러날 그들의 기술이 궁금하다. 동시에 이런 시대마저 돌파할 진정한 사기꾼이 누구일지도 궁금하다. 앞으로도 끊임없이 사람들에게 얕은 영감과 깊은 빡침을 선사해 줄 그들에게 미리 감사와 저주의 말을 전한다.

보여주기
세상을 내 편으로 삼는 법

1판 1쇄 펴냄 | 2024년 2월 29일

지은이	오후
발행인	김병준
편 집	우상희
디자인	권성민
마케팅	차현지 이수빈
발행처	생각의힘

등록	2011. 10. 27. 제406-2011-000127호
주소	서울시 마포구 독막로6길 11, 우대빌딩 2, 3층
전화	02-6925-4184(편집), 02-6925-4187(영업)
팩스	02-6925-4182
전자우편	tpbook1@tpbook.co.kr
홈페이지	www.tpbook.co.kr

ISBN 979-11-93166-45-1 03300